愛無能

為什麼我們想愛
卻無法好好愛？

吳姵瑩——著

目錄

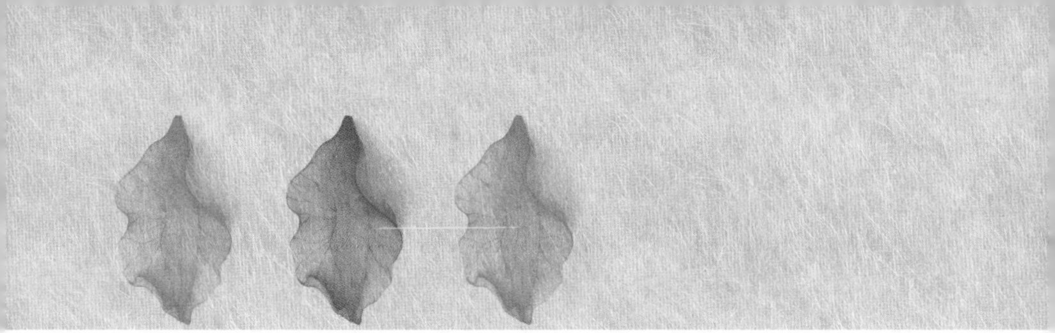

Part 2 在關係裡，人人都可能愛無能

目錄

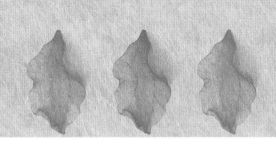

好評推薦

「我們總以為，不順遂的親密關係，是因為沒遇到對的人。然而，有可能自己就不是那『對的人』。幾次受挫之後，即使渴望愛，也不敢再愛了。吳姵瑩心理師的這本書，深度剖析那些『愛無能』的心理困境，你會猛然發現，與其期待對的人來救贖你的人生，不如從自己改變起，找回愛與被愛的勇氣。」

——陳志恆，諮商心理師、暢銷作家

前言
曾經的愛無能，讓我有能力愛

那是一把平凡無奇的剪刀，靜靜躺在針線盒裡，我留著它，想要記住我這輩子裡，那一次傻和痴狂。

十多年前，我魂不守舍，朋友帶上我去找他信任的「師父」，我愛上一個沒有回應的人。曾經我們是無話不談的好朋友，當我經歷分手的痛苦，他是我第一個傾訴的人，卻在最痛苦的時候，我愛上他，卻讓我更痛苦的是，當他感受到我的愛時，他開始遠離我，不斷讓我無法找到他。

你說，這是他選擇逃避，還是我執迷的單相思？

這種翻來覆去的心痛、不確定與掙扎，持續了將近一年，我算過紫微斗數、塔羅牌、卜卦、易經、通靈，樣樣都來，印象最深刻的幾個人告訴我這些深刻的訊息，我一直清晰記得。

易經的老師問我：「你懂得愛嗎？如果愛一個人，為什麼要占有，為什麼要一直來問他什麼時候會回來？」當時的我，執迷於易經老師一句話，「你們有緣」，就一直巴著老師問，什麼時候才會實現，最後換來易經老師受不了的一句話：「有些人，就是有緣無份！」而我始終不願死心。

塔羅牌老師，大概是看過太多這種求不到愛的女性，看著我的求助也心煩了，我想問他這漫長等待什麼時候可以結束，而她解著牌對我說：「他是敏感的人，一定知道你對他的感覺，這牌看起來像在測試，如果你就這樣攤牌了，他大概會覺得，你也不過這樣。」哎，脆弱又渴望愛的女人，一聽到這種激將的訊息，拚了命也要熬下去。因此我在痛苦中，選擇繼續痛苦下去，因為不認輸、更不願放手，或者我真正害怕的，是一轉身，我將錯過他。

當然事實證明，這段關係沒有結果，對方的忽冷忽熱、行蹤飄忽又難以捉摸，早用行動告訴我，他對這段關係的看法，而我的自欺，以及害怕看清事實，也就是不願意承認自己不被愛的事實，捆綁著理性，迫使我成為瘋狂女粉絲，若身邊沒有拉住我與支持我的好友與家人，估計下一刻我就成為會跟蹤的恐怖情人，為的就是能夠占有對方，知道他的一切，那股自以為是的愛，滿到要將自己與對方吞沒。

最後見了那位「師父」，是在我與對方攤牌後一個月。心碎的遍體鱗傷的我，著急地渴望被愛，我只想知道，下一個愛我的人什麼時候才會出現。聽著一口閩南語的「師父」，接收著感應告訴我：「這段餘緣未了，但繼續下去也不會有好結果，你要清理掉才能有好姻緣。」接著，他指示我：「你到澄清湖去，去那裡找湖畔旁的柳樹，將一枝浸在湖水垂柳剪下，你把它帶回家，將這枝垂柳每天沾水灑在自己身上，一直到這支垂柳枯了後，你再把它放水流，你的姻緣就會來了。」

是的，這就是那把剪刀的由來，我照做了，但因為離譜的心碎感，我一直到五年後才有辦法整理好自己談感情。

曾經，我也是那個為找尋愛情跑遍全台月老廟的人；

曾經，我也是那個會跪在神佛面前，不斷擲筊問他愛我、他不愛我的人；

曾經，我也是那個抓著塔羅或命理老師，問著什麼時候我才會遇到真命天子的人；

曾經，我對老天抱怨，非得要經歷這磨難般的折騰，才能換來甦醒的自我嗎？曾經，我覺得很不甘心，難道成為他人的導師，就必須如此痛徹的領悟，在愛裡扎實的病一回，才能再醫治自己的路上，懂得如何療癒他人？

也許就是這些歷史因緣的總和，這些點滴的參悟的聚集，直到我真正觸及「愛」，允許與開放自己進入「愛」的領域。

而我終於意識到，真正的愛情來了，並不是師父的楊柳、不是桃花開運的商品，而是那內心傷痕累累的小女孩，終於有能力再站起來，學會站穩自己去追逐自己的人生，也有能力與另一個人並肩走路向前的過程，而不是蜷曲在角落，渴望被愛被溫暖，等待著被捧起來細心愛護與照顧，就能夠永恆遠離孤單與痛苦。

我莞爾地看著那一把剪刀，像是看見曾經的內在女孩，像是看個過往的心碎，像是看著過往偏執的信念，像是看著過往痛苦的情緒，而我知道，我現在心底的這位，正開心地對我笑。

親愛的，當你真正醒過來，看見的是你的不自愛，創造了不愛你的人但你卻深愛他的世界，你該興高采烈。因為代表你開始掌握你的人生，有能力去創造充滿愛的世界，一切起始於你開始愛自己。

Part 1

你的愛情觀，決定你怎麼愛

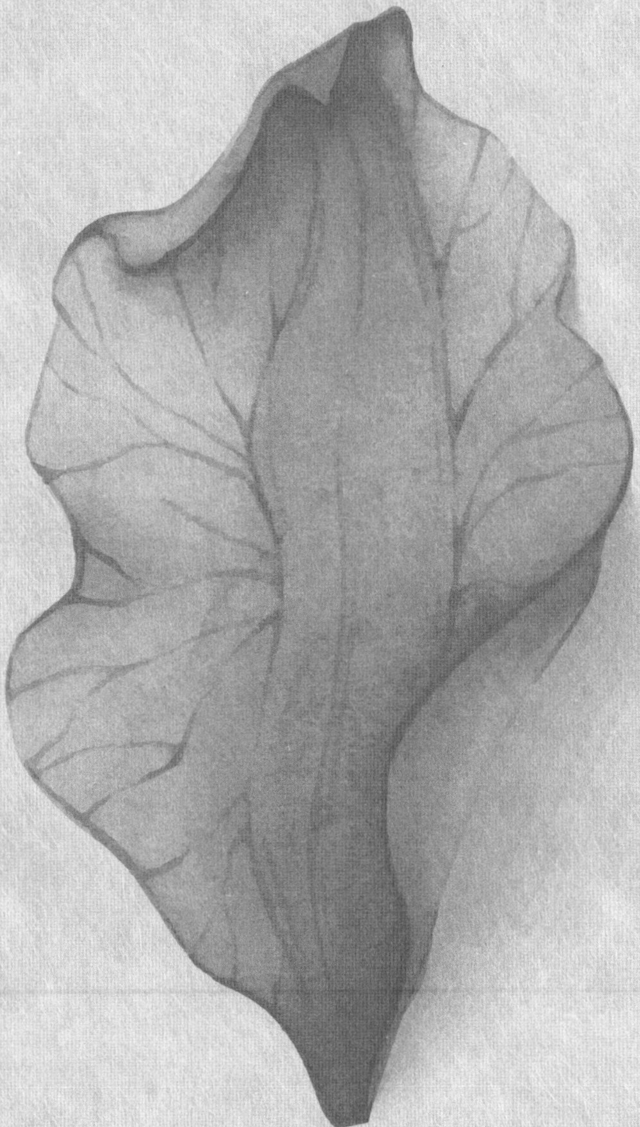

第 1 章

理解愛情世界觀：自我、他人、關係

你是否曾經想過，你對愛情的想像如何建構而成的呢？你覺得愛情是美好浪漫的，還是痛苦又不可或缺？

你在愛情中的姿態與樣貌是什麼樣子？你經常是高高在上，還是低聲下氣？你經常不高興就冷漠以對，還是著急地討好求和？

你有沒有想過，你都是吸引哪種類型的人呢？

其實，這往往與你的愛情世界觀非常有關連性。

在本書裡，我想跟你一起探討「你的愛情世界觀」，也就是在你的內在世界裡，你怎麼看待愛情，因為你看待愛情的方式，會讓你成為自己愛情電影的導演與編劇，編寫出專屬你的劇本，其他在你身邊的人，都容易順應你內在的設定演出你要的戲碼。

雖然很多人很不解，上課時都會向我抱怨：「老師，為什麼我總是遇到渣男？」「為什麼我遇到的都是渣女？」「為什麼我遇到的人，常常都對我的訊息已讀不回？」

你覺得自己遇上爛桃花的同時，是否思考過自己是否也是他人眼中的爛桃花？你總抱怨自己成為倒數第二個女友或男友時，會不會你心裡其實恐懼真實親密的情感，而總讓你在關

鍵時刻無法終成眷屬，導致你心中感覺複雜，而非純然的悲傷。

讓我用這本書來為你解答，究竟我們的愛情發生了什麼事，在戀愛的過程中，有什麼是我們可以自己決定，又有什麼層面是我們可以自我覺察的，我們都統稱這些為「愛情世界觀」。

今天，我將一步步地帶你一起攤開你的愛情世界觀，讓你能夠更了解自己在愛情世界裡的模樣。

在進到愛情世界觀之前，我先讓大家想像一下，自己內心世界有哪些對愛情的圖像，這也是我在工作坊裡時常會讓大家思考的問題。

那要怎麼想像呢？我先列幾道題目給大家思考。

01 檢視自己的愛情圖像

你可以檢視自己的愛情圖像，或者也可以說是愛情印象。

從小到大，你看到父母的親密互動都是什麼樣子的呢？

在你的記憶中，他們是甜甜蜜蜜的，還是他們在餐桌上零互動，或是他們總是在吵架，而且吵得不可開交？

如果你是隔代教養也沒關係，我們要檢視的是最常在你身邊的親密關係互動對象，因為基本上，我們在親密關係中的互動方式，就是藉由從小最常看見的親密關係對象身上來觀摩及學習。

他們的親密互動方式，能不能讓你想像出一個畫面？

想像出來後，你能否用三個形容詞去描述這段親密關係？

在第一步驟中，基本上容易形塑你在親密關係中的基調，或者你在關係中的背景音樂的主旋律，也就是「你如何看待親密關係」。

舉例來說：溫暖的、支持的、開心的，你所看見的情感模式，也會成為你身上的特質，你會用溫暖的、支持的、開心的狀態去與人親近、建立連結，自然能留下相似的情感關係。而當冷漠的、憤怒的、有壓力的，是你常見的關係樣貌，在很多你不知道該怎麼處理的情境下，你自然會有冷漠或憤怒的反應，或者不知不覺中讓人感到壓力，因而容易營造出疏離的關係，或者覺得關係的存在就是個麻煩。

所以當這兩人兜在一起時，也許仍有機會因為態度與生活的差異性，在一開始很有吸引力，但後者容易因為前者開放與溫暖的態度，讓他感到陌生、不適應而不知所措，不知如何回應、又害怕自己做不對，因此關係中的壓力感乍現，而不知不覺疏離。前者一開始可能還會很有活力的回應，想將開心帶給對方，但因為互動方式與過往經驗差異太大，不熟悉的互動模式可能讓他感到百般挫折，而覺得也許不在一起說不定能讓彼此更開心，而退出關係。

因此情感關係中，「門當戶對」並不只是兩家經濟與社會地位，其實更重要的是與家人互動的親密度或情感世界觀，畢竟關係是兩個人用各自思想觀點、情感歷史的小宇宙相互碰撞的過程，在碰撞與融合下，能相互協調的世界觀，自然容易繼續運作。

02 用三個形容詞描述你的父母

檢視愛情圖像的第一大步驟完成後，接下來我們要進到第二個步驟。

試著找到可以代表你異性父母的形容詞，簡單來說，你能否能進一步思考，你的異性父母在你的心目中有著什麼樣的形象、感受？你將如何描述？

女孩們，你印象中的爸爸你會用哪三個形容詞來描述？

男性們，你印象中的媽媽你會用哪三個形容詞來描述？

這是個相當有趣的題目，在這一步驟中，基本上容易形塑你在親密關係中，是如何看待伴侶。

舉例來說，當女性用來描述父親的形容詞是吝嗇的、自私的、幼稚的……，那麼表示這位女孩長期與這樣的父親相處，或長期用負向形容詞感知父親，就會發展出對男性強烈不信任感，也因此容易放大解讀男性不符自己預期的行為，例如：當第一次約會男生五五分帳時，心中就很容易出現對男性的計分板，立刻降到及格邊緣，甚至分數更低。

你說，這是「公主病」的展現嗎？但也許她其他的行為並不公主，只是對於用錢一事格外敏感，或容易成為她交往中的地雷。

當男性用來描述母親的形容詞是柔弱的、單純的、可愛的……，又會發生什麼事？

曾有男學員告訴我，他爸爸是個比較容易施展暴力的人，所以他常常看到媽媽是一個脆弱無助，或是很柔弱的樣子，因此他逐漸長成溫柔的大男人，好多女生都很容易被這樣的男性吸引，既照顧你又很把你的事情放在心上。而挑戰的地方卻在於，他不自覺會在親密關係中承擔太多，以至於壓力太大而產生身心困擾，因為他把別人的事都當成是自己的事，所以他從小就不斷需要照顧母親、呵護母親的感受，如果母親有任何的需要他都會想盡辦法去達成，很容易將其他的女性都冠上柔弱無助標籤。

但他的弟弟卻截然相反，他看到的媽媽是個傻妞，不知道為什麼很多事都做不好，他不好意思罵媽媽笨，但其實他有時很看不慣媽媽，覺得為什麼媽媽都不改變，他對媽媽的看法是：愚笨的、不知變通的、逃避的，認為她總是死性不改，有很多的習慣。因此他在相處上，經常會讓女生覺得很有壓力，好像在他面前怎麼做都不對，因為他習慣大量的糾正與扭正對方，而且要對方聽他的意思，所以跟他相處的女性大多不歡而散。

03
你覺得父母會怎麼描述你

當你不在戀愛情境中，而是自己一個人時，你又是什麼樣子的呢？

你覺得你的父親、母親會怎麼描述你？

你有沒有辦法描述出來？

同樣地，**試著用三個形容詞來描述你自己吧！**

在這一步驟中，基本上容易形塑你在親密關係中是如何看待自己。

舉例來說：可憐的、醜陋的、悲情的，曾有學員是這麼描述單身時的自己，也不難想像他會有嚴重的單身焦慮，因此即便遇人不淑，也沒勇氣主動分手去追求幸福，因為分手後的自己已被自己注定不幸福。

然而，在她的家庭背景中，母親則是依賴父親而活的個體，即使父親多次外遇，母親也別無他選繼續跟著父親，保留著名存實亡的婚姻，因此你可以說她從母親身上學會女性在關係中的姿態，與「女人就該依賴著男人」的自我設定，也可以說父親也同樣用「可憐的、醜陋的、悲情的」形容母親，她不過剛好遺傳這份設定，因為母親不時也會嫌棄她的穿著、不認真打扮的她根本不會有人要等言語，也是她與母親相處的日常對話。

我們如何看待自己，這份自我價值的設定將強烈影響你在關係中的相處品質。許多在心理上的疾病，也都起因於自我的不穩定度，因為當自我有足夠強大的穩定度，即使沒有親密關係，被稱為「單身公害」也有足夠大的韌性面對周遭的人不友善的言語，但自我不穩定時，動則得咎，經常陷入自責懊惱中，或經常在抱怨自憐中。

綜合這三個步驟，你的愛情世界觀中，「對關係」、「對他人」、「對自己」，應該就能有較明確的描述，接著我將綜觀這三步驟，給你看幾個常見的例子。

案例①　和樂的家庭圖像

對關係：家人之間十分相愛，夫妻間也充滿著濃情蜜意，家庭裡的所有人都擁抱在一起。形容詞常見的語彙是「親密感」、「連結感」、「安全感」……

對他人：他們對自己的異性父母大部分的情況，所看到的圖像通常就像是「爸爸將女兒背在肩膀上」、「媽媽陪兒子寫功課」或兩個人很開心的在散步；有非常多人對父親與母親的印象是溫暖的、支持的、友善的。

其實，在父母的夫妻關係裡看見的正向夫妻互動，大部分情況，你在父女關係或母子關係裡，你所看到的互動方式也多屬於正向的。

對自己：他們有時候就會描述「友愛他人」的圖像，也就是一群人開心玩鬧，談天說地。你就會發現，「哇！這就是我們理想中的家庭關係」，像父慈子孝、兄友弟恭等，這也是很多人在愛情世界裡看到的景象；當他們有辦法從小就看到這樣的互動景象，其實他們的生命裡也容易保留這樣的互動關係。

但對於家中多數日子都在吵架的人，總會好奇他們的家庭難道不吵架嗎？其實他們也常有吵架的情形發生，但差別就在於吵架之後，他們依舊能與彼此有正向溝通，真實理解彼此的想法，而吵架的痛苦情緒被排解後，在記憶中多數被保留的，就是正向互動居多，這也是「安全型」依戀者家庭容易出現的狀態，而我將在下一章詳細說明。

那我們接下來就來看另一種形式，這種形式的人比較常找我談話。

案例② 愛是壓力的家庭畫面

對關係：這類型的人經常呈現出來的家庭畫面，會是兩邊父母拉扯中間的孩子，而孩子只能哇哇大哭。如果大人兩方都在拉扯孩子、兩方將孩子視為戰場，或是兩方都在爭著要孩子聽自己而不是對方的畫面時，如果這是孩子腦海中的家庭畫面，他們對關係的恐懼已經種入很深的種子，知覺愛就是壓力，愛從來不是溫暖與支持，愛是一種掏空感、無能感。

對他人：這時候，孩子對於自己的異性父母，就通常會有一種被緊緊包裹，甚至是窒息的感覺。所以當你看到的父母是有衝突，或是爭風吃醋，甚至是兩邊不禮讓、不包容彼此的情況，這樣的關係就會充滿了競爭性與衝突感，當父母爭奪孩子的注意力與認可時，會發展出覺得他人總是索取的、令人畏懼的、無法應付。

對自己：父母的爭奪戰容易讓孩子感受到，「我要符合好多的規範，而且我發現我這輩子永遠符合不了大人心中所渴望的樣子」。若是女兒角色，她們通常就會覺得父親讓她感到窒息，因為父親永遠有很多的要求，而她都滿足不了。

我們不妨思考，如果一個孩子從小就在這樣的環境裡長大，她所生出的愛情世界觀會長什麼樣呢？她是不是就會覺得愛情世界很可怕，如果愛上一個人，是不是就必須要符合對方很多的期待，但就跟小時候一樣，永遠符合不了其他人的期待。

這種類型的人在長大後的愛情關係裡，就往往會是屬於「逃避型」依戀者，長期的家庭關係挫敗，會讓人逐漸將「關係」視為妖魔鬼怪擋在門外，因為他會覺得這些妖魔鬼怪都會來到他身邊跟他哭訴、要求幫忙或安撫，但他永遠做不好、做不到，做的不夠牢靠，與其說要逃離關係，不如說他們一直以來都無法應付關係中帶來的要求或痛苦。我們也會在下一章深入說明。

案例③ 吵吵鬧鬧的家庭畫面

再來，也是我的學員經常會描述的家庭畫面。

對關係：父母非常水火不容的，三天一小吵，五天一大吵，甚至講話五分鐘就拚命吵起來。這與前一張描述父母將孩子視為戰場、為孩子爭風吃醋是相當不同的。

原因在於當父母水火不容的情況下，父母就不一定有能力去照顧孩子的需求，當孩子長期感受到父母嚴重衝突、父母讓他覺得非常畏懼，甚至因為擔心而認為需要父母時，他們就會有一種感覺是「父母是不是常常人在心不在」。他們發展出來的恐懼感並非逃離，反而需要更強烈的依附，因為在心理上已經長期被拋棄與忽略，因此在關係的視框，有可能發展出不能吵架，吵架就會關係斷裂，或者常擔心自己會被遺棄，對方移情別戀等想像。

對他人：他對於異性父母就會是「我好像要拯救他們」或是「我好像很需要被他們拯

救」，因為孩子不知道父母再吵下去，這個家還會發生什麼事。他們也可能發展出：「如果爸爸或媽媽開心就好了，我們就會沒事了」因而逐漸發展出只能等待他人救贖自己的心理。

也有很多人經驗是，小時候在睡覺時被父母的吵架聲吵醒，他們內心就會出現「明天會不會有人離開家」，接著就會被問：「你要選爸爸還是媽媽？」的想像。

孩子不知道隔天會不會發生這件事，於是內心的恐懼及擔憂就會被無限放大，加上此時此刻沒有人來給予安慰，或是告訴他究竟會發生什麼事，因此，孩子的小腦袋裡就會不斷腦補各式各樣可怕的情況發生，他們就會渴望父母像天使一樣來告訴他：「沒事，有我在。」也因此他們的害怕是黏，不是逃。

對自己：當家庭長期有難言的苦，他們是自己一個人時，也就不難想像會是什麼樣的狀態。因為他們時常覺得自己需要被照顧，所以他們就會覺得自己一個人的時候是很可憐、很讓人驚恐的，甚至有「如果沒有其他人，自己就可能活不下來」的狀態出現；也就是說，這類型的人內心中通常有個時常在哇哇大哭、弱小無助，很需要保護、被照顧的孩子。

第三個案例是「焦慮型」依戀，經常在關係中缺乏安全感，總是很黏很需要對方，但有時又容易做出讓對方厭煩的焦慮行為，而將對方推開，例如：奪命連環叩、經常查看手機等。在下一章也會進一步說明。

在這三個案例介紹中，是否有覺得哪個家庭畫面與你的背景有點類似呢？沒有哪一家讓你內心特別有感呢？

愛情世界觀的一部分，是我們觀察與模仿父母的夫妻互動，因為長期耳濡目染下正在形塑我們的關係互動資料庫。

例如，你們家今晚對於晚餐要吃牛肉麵還是義大利麵，一直拿不定主意，當家庭中出現了意見不一致的情況時，你的父母若是開始比誰比較大聲，那你基本上就是學會了比大聲。但若他們的方式是，「不如我們今天吃牛肉麵，明天再陪你去吃義大利麵好不好？」這種有點妥協又有點溝通，甚至是有點撒嬌的方式的話，那親愛的，你就會學到這樣的方式去跟他人互動。

如果你的內心世界是你知道的關係互動都會水火不容，那基本上你關係的互動模式很容易就是水火不容，你很容易會認為別人就是看不起你、都在要求你，或是你覺得別人都在拒絕你，於是你就會抓狂，接著生氣地與對方戰鬥。

因此，你就很難去學習到，有些互動方式叫做「好好地說」、「妥協」、「各退一步」、「找到折衷的方法」或是「彼此合作」；事實上，關係中有相當多種互動方式，但你可能就只知道那一種，而那一種正是不斷在複製你父母的夫妻關係。

在觀察了父母之間的互動後，接下來重要的就是「我們的父母又是怎麼對待我們」的呢？或者照顧者對待我們的方式什麼？

因為基本上，**照顧者對待我們的方式就會形塑出我們的「關係世界觀」**，你可以看到，在「我」這個人的內在裡，其實是有「我跟我」自己的關係、有「我跟他人」的關係，以及「我所想像」的關係是長什麼樣子。

就好比我剛才所講的「相親相愛」、「爭風吃醋」或「水火不容」，就是在我們所謂的關係範疇裡。

而自我的這個狀態是，假使父母會將你抓得緊緊的，會讓你覺得在關係裡幾乎窒息，或讓你覺得在關係裡永遠無法滿足他的期待，此時，你的自我狀態其實就會容易覺得自己是弱小無助的，或是時常會不知道該如何是好；進而在「他人」的部分覺得好可怕、好多要求，以及「他人」是索取的模式。

如果你小時候是常被寵愛，會擴大自我感，你的需求、渴望一直被滿足之下，你將認為要求他人非常合理。此外，若你的媽媽強勢、爸爸卻沒有聲音，這時候你在關係中的自我擴張，習慣發號司令；你在「他人」的部分就會覺得別人什麼都應該聽你的，進而有「這樣才合理」、「這才叫做親密關係」、「這才叫做愛我」的想法出現；這就會形塑出你內在所認為的愛情世界觀了。

有時你的自我，也可能是你長期壓抑的渴望，特別是女孩，若從小父親消失，妳內心就會壓抑的渴望，認為父親離自己好遠，因而格外渴求被關照。隨著長期內心壓抑的渴望，便會將渴望投射到他人身上，一旦找到了伴侶，就會對伴侶有過分期待，期待對方可以當好愛人之外，還可以當好「爸爸」來照顧、呵護妳。

同樣地，若你覺得自己在與父母的關係裡常是被指責的，常感到無能為力的，其實就會有自我貶抑的狀態，你可能就會質疑對方是否像父母一樣，對自己有很多的要求。就好比對方問你週末要不要一起出去玩，與你原本規劃不一致，你就覺得對方要求很多，不自覺把過往被壓抑或過度被要求的情緒投射在對方身上，認為對方就會像你父母一樣的要求你。

談到這裡，你是否發現你的愛情世界觀，基本上就會成為你愛情的劇本，而別人只是幫你把你心中的世界演出來呢？

先能一步步拆解你內部的組裝構造，才能更完整建構你渴望的愛情。

親愛的，請謝謝自己已經開始邁開最重要的第一步了。

第 2 章

四種依附類型的愛情世界觀

如果你是對愛情心理學非常感興趣的人，相信你對於依附類型或愛情依附理論都不會陌生，因為這是歷史蠻悠久，並且常被廣泛使用及應用的理論。

美國心理學家金．巴塞洛繆（Kim Bartholomew）與倫納德．霍洛維茨（Leonard M. Horowitz）以英國心理學家約翰．鮑比（John Bowlby）所提出的依附理論（Attachment Theory）做為理論基礎，並應用於研究成人的人際依附關係上。

這兩位學者將個人對自我依賴及逃避他人的主觀認知，分為正向與負向。他們分析一個人是否覺得自己值得被愛與被支持，以及他人是否值得信任，根據此觀點研究出四種類型的人際依附風格（Attachment Styles）。

所謂的依附風格，在美國心理學家金．巴塞洛繆和倫納德．霍洛維茨的解釋是：「依附是一種強烈且持續發展的關係，其主要影響來自於幼兒時期與主要照顧者所形成的情感連結，並且產生不同的親密關係傾向，這也使得一個人與他人建立情感連結時，通常會以早期的經驗，建立固定的人際關係模式。」

因此若從兩個軸向來加以理解，你能比較立體的理解當人對自己與對他人的是否信任時，將會有各種不同的行為反應。

接下來，逐一解析各種依附風格：**安全型、焦慮型、逃避型、排拒型。**

01 安全型依附

你好我也好，我們共創愛情的美好

安全型是對自己信任、對他人也信任的狀態；也就是說，**他在互動關係中常覺得「我是好」、「對方也是好的」的情況**。

因為內在世界的基本設定，安全型基本擁有較穩定的安全感，一個人之所以會很有安全感，大部分的原因在於，他沒有太多的恐懼和擔心。

我的一門長期課程，有很多焦慮及逃避型的學員。有一次，有個學員說：「我終於知道什麼叫做安全型依附，我覺得這些人是太神奇的存在。」於是，我問他為什麼知道對方是屬於安全型依附的人？那位學員說：「我們有一次一起辦活動，但他突然找不到自己的筆電，當所有人都在慌亂的找筆電時，只有那個女生天真地說：『沒關係啦！筆電等下就會自己出現了。』」一直到那時，那個學員才發現，原來自己與她所看到的世界完全不同。

在安全型依附者的世界裡，不只沒有那麼多事情需要擔心，並且在他的世界裡是充滿著

希望。我認為，這對那位學員，是相當好的經驗，因為他藉由那次事件發現到，為什麼自己的世界會這麼的悲觀？為什麼自己會不信任這個世界？為什麼自己在當下第一時間想到的，是筆電被別人拿走的這種「對他人不信任」？接下來，就會出現自責的情緒，責怪自己怎麼這麼糟糕，為什麼沒有把自己的筆電顧好；而這樣不信自己與他人，就是典型逃避型的人看待事情的角度。

這個故事最後的發展，也真得如安全型的人所預期，筆電自動出現，他們的活動也順利進行下去。

所以我們在說依附類型或世界觀，都不會是僅限於愛情關係裡，其實在廣泛的人際關係裡，都可以看見，只是在親密互動下特別容易發作。

「你好我也好，我們共創愛情的美好。」

這是我對安全型依附者下的註解。

他們的世界觀就如我先前提到的，那就是「我很可愛，對方也很可愛」。

安全型的特質就是，他們總是可以看到對方的好，他們相信自己在關係裡是有價值的、他們的付出是有分量的，他們在關係中自然又自在，並且感到安心又安全，他們享受親密、享受交流、喜歡分享。

我印象很深刻的是，在歐洲旅行時，我在一個法國女生朋友家裡，她與她的先生坐在一起，他們是一對非常安靜，卻又非常親密的夫妻，一直到現在。

後來，我問了那個朋友，妳對老公之間的親密度和幸福感會打幾分？她回答我說：「九十九分！不能再高了！」我回應她：「你給你老公這麼高的評價呀？」她回我：「對呀！我真的覺得我老公無可挑剔，當然我不知道我老公怎麼想的，我希望他也是這麼想的。」

我之所以沒對她的回應有太多的質疑，是因為我當時在法國與她同住了將近七天的時間，在這七天之中，我最印象深刻的是，他們會在旁邊默默地吃飯、默默地聊天，雖然安靜，但會感覺到他們聊天的氛圍充滿著愛與祥和感。

雖然他們聊的是法文，但從他們聊天的語氣與氛圍其實可以感受到，他們是理解與支持彼此的，並且他們是很願意回應的，無論對方講什麼，他們都十分專注地聽，就像台語形容的「瞇瞇的笑」，就是兩個人都笑得很有愛，而我就像顆超級無敵大電燈泡在旁邊，也不知道該怎麼融入他們。

他們也讓我充分的感受及體驗到，什麼叫做幸福，因為他們那樣的互動方式在台灣，甚至在我的家庭裡我都不曾看到過，他們給我上了一堂好棒的經驗課呢！

其實，安全依戀的人不是不會吵架，他們還是會吵架，但即便他們吵架了，還是有辦法看見對方身上的好，還是有辦法讓對方知道，你做了什麼讓我感到受傷了，或是我覺得沒有被重視的感覺會讓我感到痛苦，而對方知道之後，對方也通常能夠好好回應你的這份感受。

你要知道，有很多在親密關係裡的人，是無法好好談自己不舒服的部分，或有些人是太常去談自己不舒服的部分，當成一種威脅，甚至是一種情緒勒索，這與安全依戀的狀態是完全不同的。

所以其實安全依戀的人也是很有能力看到對方身上的好與限制，並且為對方著想。

安全型的愛情世界觀是：在自我層面，安全型會是「我是值得被愛的」，同時他們也相

信對方是愛自己的；在他人層面則是負責任的、他是愛我的；在親密關係上則是又親密又支持的狀態。

02 焦慮型依附——你好我不好，可不可以不要不理我？

談到這裡，我們就來看看「不安全型」依附的三種類型：焦慮型、逃避型與排拒型，雖然說排拒型是自給自足型的，沒有什麼好憂慮的，但因為這幾種類型都有不信任的狀態存在；其實只要我們人對人有不信任的感覺，通常就不會感覺到十足的安全感，也因此會有不安全感的現象。

不安全型的依附，在《當愛成了依賴》（*Facing Love Addiction*）一書中，又分為有意識的恐懼及無意識的恐懼，所謂有意識的恐懼就是「你自己知道」，就像焦慮型的人，我們在第一章提及，長期觀察水火不容的父母相處，他從小就會知覺的一件事就是：「你們是不是不要我了？」因此對他們來說，有意識的恐懼是害怕被拋棄，因此他們常討好別人、擔心被拒絕；但弔詭的是，他們無意識的恐懼，也就是他們深藏在內心不一定覺察到的，是**他們**

害怕親密，因為他們壓根就缺乏親密互動的資料庫。

他們腦袋裡希望跟別人黏在一起，但當別人主動靠近時，他們可能又不黏了。原因在前面提到，他們對自己不信任，一旦一個人對自己不信任，往往在關係中缺乏自信，不信任自己的魅力，因此當人想要不斷向他靠近、跟他互動時，就會發生一個現象是，他很怕跟人太靠近，因為在深刻的互動中，對方就會知道他們身上的大小事，當他們完全暴露在對方面前時，他們會擔心自己不再是對方原本想像的那個人，就會失去對方的愛，這是他們內心最大的恐懼。

這也是為什麼，焦慮型的人很常會跟逃避型的人牽扯在一起，因為逃避型的人常常跑給對方追，而當一個人常常跑給你追、常常不回應你時，對焦慮型的人來說是相當安全的狀態。因為這意味者，焦慮型的人不用一天到晚跟對方在一起，對方也不會感到很膩或看到他們的缺點，焦慮型的人就能確保兩個人至少還在關係裡，而雙方是否有深度的交流與互動也不一定那麼重要，因為愛情在想像中也能獲得極大的滿足。

焦慮型的人就常是對自己不信任、對他人卻是信任，那股信任是，只要有他在就沒事了，因此經常將對方想像成巨大的存在或救贖，彷彿他們的生命裡，若沒有他人的存在，就等於不存在一樣；他們常會出現「我非常不喜歡我自己，所以我經常討好別人、依賴別人」的狀態，這就是所謂焦慮型依附的人，在親密互動關係當中最典型的樣子。

「你好我不好，你可不可以不要不理我？」

這是我對焦慮型的人下得註解。

從剛才我們的討論裡，我想你對於焦慮依戀的人有更多的理解了，因為他們的世界觀就是「自己是渺小的，但對方是巨大的」。

焦慮依戀的人還有四大特質：

超級黏

他們超級黏，因為他們覺得對方沒那麼黏，就表示不夠愛、沒心。

覺得自己付出很多，對方投入太少

常覺得自己付出很多、心很累，且總認為對方投入過少。他們付出的有多多呢？假設一天工作八小時，除了密集工作的其他時間，他們往往都在想著對方，如果對方這時沒給予回應，焦慮依戀的人就會自己在腦海中上演各種小劇場，比如對方是不是正在跟女同事互動，還是正在跟學妹互動嗎？是不是最近跟誰誰誰走得比較近，他們的不斷腦補就會讓他們內心存在各種擔心。

雖然他們可能真的會有很多付出的行為，像是精心挑選要送給對方的小禮物、每一次約會都精心打扮，或是給予對方無微不至的照顧等。

然而，他們認為自己付出很多的是，他們覺得自己花了很多的時間在想著對方，但對方怎麼可以對他們的關照這麼少？例如：他可能等你等了一個晚上，就在等你說說話，但你可能就只是傳了一則訊息「晚安囉！我要去睡了，我們明天再聊。」這就會引動他們的憤怒，認為你怎麼可以投入的這麼少呢？殊不知對方也許並不覺得自己投入得很少，對方可能會覺得這樣的互動品質和頻率就夠了，但對焦慮型的人來說，遠遠不足。

自責與自我批評

若當對方回應變少了，或是對方已讀不回，除了剛才提到的腦中小劇場以外，他們也時常會自責或是自我批評。為什麼會這樣呢？這本來就是他們的習慣，因為他們本來就不相信自己，自然就會認為是自己有問題，才會惹得對方討厭，其實在他們的內心裡的信念就是「我不值得被愛」。基本上「我不值得被愛」可以成為他們愛情劇本，在他們愛裡的很多齣戲都容易導向這個結果。

有負面情緒卻有苦難言

他們非常容易生悶氣、難過、委屈，但他們又有苦難言。其實，在關係裡我們要能夠好好說話，最重要的就是「我要夠覺得自己有價值」，因為當我無法好好陳述我在關係裡的感覺時，通常也代表的是我在關係中不覺得自己是有吸引力的、不覺得對方是真的願意把我的話聽進去的，甚至是我不覺得自己是有分量的。

也因為如此，焦慮型的人常常會自己生悶氣，或者常會很希望對方好好照顧他們，但他們卻不敢說，而當對方又真的沒有來的時候，他們就又會生非常久的悶氣。最後，他們就常常會因為悶太久而爆炸的一發不可收拾，接著就會出現很多有破壞性的舉動，例如：他們可能就會跑到對方家中破口大罵，讓對方一頭霧水，或是若對方一整天都不回應，他們就會直接冷戰三天，結果發現對方依然沒有回應時，他們就會傳訊息向對方道歉。通常，他們在許多糟糕行為之後，就會感到相當後悔。

所以親愛的，你本身有沒有這樣的現象，或是身旁的人出現這樣的狀態呢？那他們很有可能都是焦慮依附風格！

因此焦慮依附的人的愛情世界觀中，自我層面是卑微的、他人層面是主導的；而在關係方面，他們則是時常覺得是犧牲與委屈的、沒有會很可憐的。我相信你還可以找到更多形容詞來描述，而這只是其中我看到的一種版本。

03 逃避型依附
你好煩我好累，可不可以讓我靜一靜？

逃避型的人則是不信任自己、對他人也同樣不信任，前文有稍微提到，有一種人經常覺得自己達不到別人的要求與需求，會常常覺得別人的要求太多、很可怕，所以這些人常常躲起來。

那既然逃避型這麼喜歡跑給別人追，為什麼不乾脆跑走就算了，還要停下來？其實，這也是很有趣的一點，因為當有一天追他的人不追了，逃避型的人就會轉頭想說人呢？接著，就會回去逗一下對方，比如對方已經一週都不連絡時，逃避型的人就會覺得哪裡不太對勁，才想著要聯絡對方。

其中，逃避型的人有意識的恐懼就是不想要跟人太靠近，因為太靠近會有被吞噬掉的感覺，因為他們常常無法回應對方的需求，會覺得對方的要求太多，所以面對對方想要膩在一起等各種要求，逃避型的人就會有失去自己，會覺得無法滿足對方的感覺。

之所以逃避型的人不想要離開關係，是因為當對方冷淡、疏遠的時候，他們內心那個被遺棄的恐懼感就會出現，這時他們就會想要把這段關係拉回來，這種被遺棄的恐懼之所以會發生，也肇因於他們童年時期在滿足成人的要求與期待時，通常感到疲於應付，同時在心裡覺得自己是被遺棄的，因為忙於滿足大人的需求，卻沒有人有能力正視這個孩子的需求，因此早就有強烈的心理與情緒遺棄感。

因此當別人不在追著他跑，不再要求他時，他並沒有因此覺得鬆了一口氣，他反而覺得失去逃跑的動力與方向，因而再次回到關係中。這也是為什麼我們會說，焦慮型與逃避型的人在一起就很容易會出現像這樣很牽扯、糾纏的情況。

「你好煩我好累，可不可以讓我靜一靜？」

這是我對逃避型的人下得註解。

逃避型依附的人的世界觀常常會覺得自己無能，不是真的很可怕的無能，而是常覺得自己無能為力，認為自己是弱小的，對方是恐怖的、箝制的、索取的。

逃避型依附的四個特質：

愛情誠可貴，自由價更高

他們的核心宗旨就是，「愛情誠可貴，自由價更高」，簡單來說，就是沒有自由，毋寧死。

保持距離以策安全

他們會覺得保持距離以策安全，保持神祕以保持新鮮，有什麼不好的呢？事實上，逃避型的人通常都不覺得自己是逃避型，都是別人說：「你不要再逃避了好不好？」而逃避型的人只會覺得自己是不知道怎麼回應，而不是在逃避。

我曾經有一堂課，就是在講愛情裡的溝通，有個學員就舉自己在追求女生的經驗，其實他們也就是剛認識，甚至連曖昧的階段都還不到，而那個學員只是約了對方週六看電影，對方也答應了，但在詢問對方看電影的時間時，對方卻花了一天時間才回覆他，當那個學員進一步詢問對方喜歡的電影類型，對方又再次花了一天的時間才回覆，那個學員就感覺自己的火苗滅了，因為他不知道對方究竟為什麼總是要這麼久的時間才回應他。

有趣的是，在課程中的一個逃避型依附的女學員說：「她有回你，應該就是對你感興趣了呀！你怎麼會覺得她是逃避型，她沒有逃避呀！」接著，我們大家都很驚恐地看著這位逃避型的女學員，我們就說這其實就是逃避型非常典型的行為，因為當逃避型沒有想好要回應的時候，他們沒有辦法跟對方表達自己還沒有決定好，或者即使他們真的很忙，他們也沒有辦法讓對方知道他們很忙。

這時，女學員還在跟大家脣槍舌戰，她說：「她就真的只是生活上很忙而已，沒有來得及回他。」於是，我就說：「讓我們回到關係模式想這件事。」我們在關係裡的資料庫，我們已經很習慣來來回回、有丟有回的回應互動方式時，我們就會知道，對於那個女生一天才回覆一到兩個問題的這種回應方式，我們會非常不習慣，因為這不是一般我們說安全依附風格者習慣的互動模式。

當心靈上門不當戶不對的情況下，我們的心理需求不符合時，當然就會自動放棄。我們其實可以從這個地方了解彼此，發現原來對方的不回應會讓另一半不適應或不習慣，所以很多人在關係的初期便選擇終止來往。

對被要求感到抗拒

他們對於被要求、被控制，會感到格外的敏感與抗拒。這就需要探索為什麼他們會成為逃避型？因為他們長期接收到很多高壓的情緒感受，所以他們對於別人的需求、別人失望的表情，就會有相當高的敏銳度，而敏銳到身心都有反應，特別會發現有人聽到自己父母的聲音，伴侶的聲音就會寒毛直豎、如坐針氈。

不喜歡天長地久的承諾

他們不喜歡天長地久的承諾，且有些話也不願意明說，因為他們會認為說了就有弱點、把柄在對方手上時，對方似乎隨時都有控制與要脅自己的武器，是非常可怕的事。

逃避型的愛情世界觀是，他們在自我層面常常會覺得是沒有價值的；他人層面則會覺得對方是索取的、可怕的；而在關係上，則是會感到有壓力的、窒息的。這就是逃避型其中一種最典型的狀態。

04 排拒型依附

我好好的，幹麼跟你再一起

在很多依附理論的書中，並沒有特別討論排拒型的人，但我在我的實務工作當中發現其實很多人都有這種狀態；我常會說這種人憑實力單身，因為他們對自己信任、對別人不信任，**也就是最好不要有其他人進到他們的人生裡，因為他們會認為跟別人一起生活是件麻煩事。**他們比較喜歡一個人自由自在、自給自足的一個狀態。

你可能會問：「那這樣子有沒有逃避型的狀態呢？」這也是為何他會被劃分在不安全依附的類型，因為他在關係中會容易在親近人的過程中感到焦慮、缺乏安全感，畢竟單身與進入關係最的的差別在於，你不是只有「自己」，而是你的自我要開始增添他人的色彩，才能融合成「伴侶」，但排拒型再融合的過程就容易出現狀況。

他們可能知道自己不喜歡生活失控的感覺，因此會覺得自己一個人很好，何須還要跟其他人在一起。

因為就某種程度來說，我們進入到愛情裡其實是脆弱的，因為這同時也代表了我們允許別人來傷害我們，但我們也因為脆弱，所以我們能與對方親近、靠近彼此，甚至是彼此可以理解彼此；同樣地，我們因為脆弱而害怕失去對方，我們也會很希望對方是開心的。所以進到關係裡，某種程度都會想要滿足對方的期待，但在滿足對方期待的過程當中，若對方的期待跟我們所期待的有所不同時該怎麼辦？我們該怎麼選擇呢？

對排拒型的人來說，他們最害怕的一件事就是失控的感覺，所以他們時常會有「你是不是要我犧牲？」「你是不是不讓我做自己？」的質問，對於生活失控的感覺他們一概拒絕，他們不要有任何人可以掌握他們生活的感覺，因此排拒型的人很害怕失去自己。

那排拒型的人無意識的恐懼是什麼呢？他們其實很害怕依賴，無論是他人依賴自己，或自己依賴他人，因為他們自己就過得很好，當有人依賴他們，讓他們感到負擔及沉重感時，他們就沒有辦法自由奔放了。

「我好好的幹麼跟你再一起，真是想不開！」

這是我對排拒型的人下得註解。

他們的特質有四個：

自己過得好，他人不要管

他們的世界觀是「自己過得好，他人不要管」。

憑實力單身

他們憑實力單身。排拒型的人通常會覺得沒有伴侶也無所謂，我之前看到新聞記者訪問一個已經高齡九十六歲的老太太，記者想知道她長壽且快樂的祕訣，那則新聞下了一個斗大的標題，那就是：「遠離男人」；這就是典型的排拒型依戀。

為什麼會說這個九十六歲的老太太是排拒型，而不是安全型的呢？因為安全型的人是很自然跟人親近，而且不會對男性有敵意或有排拒狀態，所以她對男性有排拒狀態的情況下，我們也許可以說她是不安全依附，但她選擇的人生依然讓她的人生過得很快樂，這也沒有什麼困擾！因此這類型在生活中常見，但並不是最有困擾的族群，反而是他們的伴侶比較容易困擾，因為他們的伴侶經常會被貶低、霸凌、不被重視，而感到痛苦。

其實，我們最重要想要探討的還是，這種依戀狀態是否為你在親密關係中帶來了困擾？有困擾就是值得探索的地方，如果沒有困擾，那就過得開開心就好了！

自我為中心

他們有時會自視甚高，也較自我中心。因為他們本來就覺得自己過得很好，他們會覺得別人只是附屬品，是別人自己硬要黏過來的，所以他們比較容易有第四種狀態。

把愛情當配件

容易將愛情視為時尚的配件，因此難以真正投入在親密關係當中。對他們來說，就是使用愛情、使用伴侶，他們不一定有能力把對方視為一個完整的人，這也是稍微可惜的地方，因為若跟這樣子的另一半相處，就會比較容易受傷，最常見的就是對方很容易會視你為可有可無的角色！

排拒型的愛情世界觀是：他們在自我層面會覺得是強大的；他人層面則是固執的；在關係上則是會感到痛苦或是麻煩的。

05 以管窺天的世界，不是真正的渴望

你所看到的愛情世界觀、你所認知到的這個世界可能成為伴侶的人，會不會都是從你那小小的管子裡頭所看到的世界呢？

有人會問我：「為什麼我老是遇到渣男？」那就有趣啦！因為到底你的內在世界長什麼樣子，才有辦法讓渣男留在你的身邊呢？或者讓男人來到你身邊都成為渣男？

曾經有一位焦慮型的女性，她在一段三角關係中糾結，因為對方有家庭，但有生理需求時就會找她，她對此很不開心，卻離不開這段情感，總擔心離開後會找不到像他條件很好的對象，即便對方平時也不太搭理自己。

後來，探索她的世界觀時，她總是習慣貶低自己，抬高他人，但當我用了假設情境讓她思考，若有個女孩從小到大都是被呵護的、有被好好引導情緒的、是受歡迎的，當她進入這段關係時，她會怎麼選擇。

她則是搖搖頭告訴我，那個女孩不會待在這段關係裡，而此時，她可以用不同人的世

界，重新思考自己的世界，也重新思考她如何定義自己，進而她希望好好解放那個被封閉、貶低的內在，重新定義自己。

所謂「以管窺天」的概念是，**人往往活在自己的世界裡，看見的是符合自己世界假設的，而不是真正自己的渴望**。

很重要的一點是，請問你看到的世界，真的是真實的世界嗎？你看的世界也許是「男人都是渣」、「男人都會外遇」，請問這真的是真實的世界嗎？還是你從小到大常常看到女性被劈腿，而這樣的故事與經歷就被你收進了你的愛情資料庫裡，但其實你明明也看到了很多白頭偕老的故事，怎麼就進不去你的世界裡呢？所以你看到的世界真實與否，值得好好反思。

那我們該如何修正我們的愛情世界觀呢？我們要怎麼樣從一個不安全的狀態進到一個比較安全的狀態呢？

其實，很重要的一件事是，你要先有足夠高的自我覺察，足夠高的自我覺察最重要的是「我到底在不信任什麼？」「是什麼東西讓我感到不安全了？」所以我們在面對情感，包括在關係中最常見的對方已讀不回時，你的第一個反應是什麼？

你的第一個反應可能就是「我是不是做錯什麼了？」或是「他現在又在幹麼了？他又要背叛我了是嗎？」你的第一個反應究竟是什麼？你能不能先抓到你的第一個反應？接著，你能不能夠告訴自己，從第一個反應到第二個反應之間，而第二個反應你可以思考的是，「自己是否真的有所想像的這麼不好嗎？」及「對方真的有我想的這麼渣嗎？」

透過這樣的思考，你就可以重新進行自我對話，這個對話就是：「真的嗎？」這個已讀不回所引發的內在狀態是真的嗎？已讀不回是一個事實，也是一個你們在關係當中正在進行的一個狀態，但真的代表我是不好的、對方是糟糕的狀態嗎？這都是可以重新思考的。

會不會其實又是回到以管窺天的狀態？會不會內在認知的世界正在影響你經營關係的方式呢？那我還是要說，當一個人如果被一次劈腿、兩次劈腿、三次劈腿，他要再信任關係基本上是非常困難的。然而，在你的愛情世界觀裡，可能有很多負面的感受與觀點是正常的，但之所以會這樣，**最重要的一件事，是因為你有讓人不安的傷痛過往，那你要做的事情就是，幫自己修復那些讓人不安的傷痛過往**。

到目前為止，說明了愛情世界觀與依附類型，也說明了我們內在的世界，也決定我們外

在生活的狀態，更展演我們的愛情腳本。回到自身來覺察，開始反思你都如何思考自己與他人，將會是修復內在最重要的過程，

在下一章，將探討在我的實務經驗中，常見的「愛無能」的樣貌，幫你深入理解，深度修復自我。

Part 2

在關係裡，人人都可能愛無能

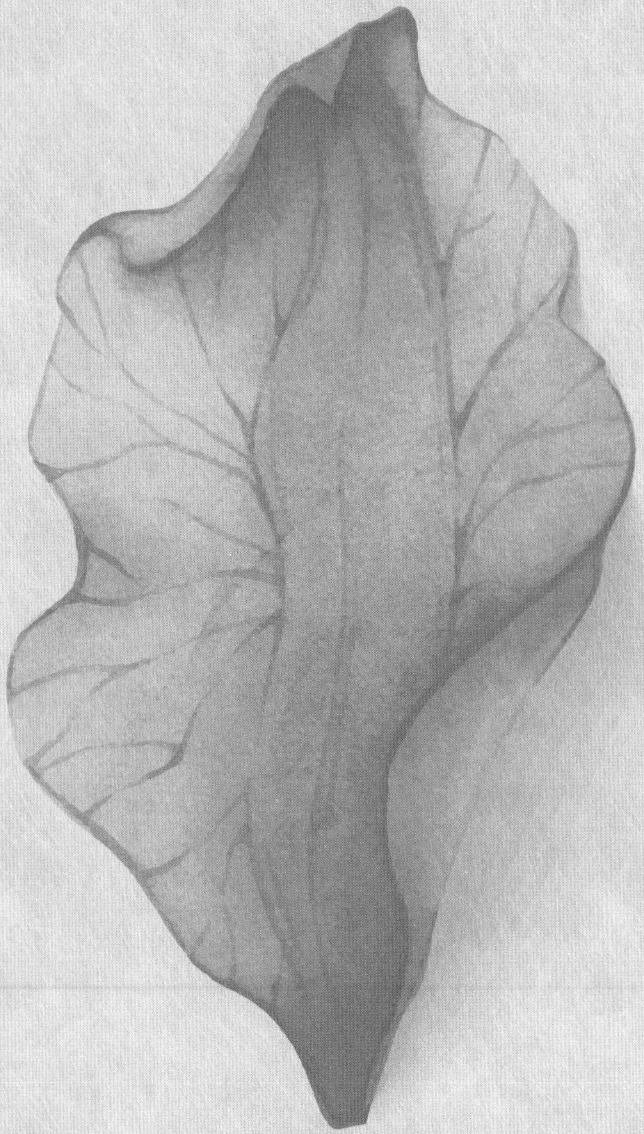

第 3 章

愛無能症候群的十種樣貌

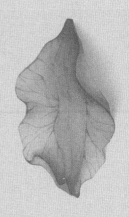

愛無能的總總樣貌，其實都來自不安全依附，在愛裡的焦慮與恐懼，每個人會用自身思考的局限性，找到當下適合因應的方式，久了就成了一種習慣與愛情病，因為在愛裡的不安，本身就會限制一個人去嘗試、去拓展、去挑戰、去爭取，或去迎向幸福，因此他們寧可待在自己即使孤單、痛苦，卻是最熟悉又最舒適得領域中。

因此在談完依附關係後，接著與你分享我在實務工作裡常見的幾種「病症」，病症的存在都有功能性，痛苦的行為模式也有其意義，唯有當你全面性思考與理解當中的脈絡，也許那一刻的啊哈經驗，就能讓你帶著覺知的停下關係中的破壞性行為。

第一部分，你已經理解愛情世界觀、愛情圖像與依附風格，最重要的是探尋你不安全感的來源，以及你對於與人親近是什麼樣的行為模式，因此對你的情感模式有很大的影響。

第二部分，就會是探討各種愛無能現象，也許從標題看來，會感覺有些症狀你自己應該沒有，但很可能在人生的某個較為脆弱或「狀況不太好」的情況下，都可能出現類似的症狀，很可能那一段相處的時間，觸動了你不為人知的傷痛，你有好一段時間都出現像是依賴症的問題，而導致你的一半感到窒息。而在關係中受傷，進而疏離，但這麼做可能又引發你另一個症狀，像是受害症，怨嘆自己付出這麼多，卻換來一場空，因此理解這些愛情常見疾病，將有助於你在症狀發生時，可以拉自己一把，避免對關係做出破壞與傷害性舉動。

基本上，**愛無能就是不安全依附的延伸，而愛無能症狀是思考、情緒與行為的總和**，若你觀察到愛無能的總總行為表徵，你要記得對號入座後，不要急著責備自己或怨懟他人，而是好好理解背後究竟在不安全什麼，如此你將能成為在情感中，成為那位可以選擇又充滿自信與魅力的人。

01 多腿症：能看到許多人的優點，無法專情

多腿症，聽起來是個畫面讓人不太舒服的模樣，卻是很多人透過在情感中不忠、外遇，來尋求心靈上的寬慰。

基本上，「慣性劈腿」會有幾種特質：

1. 習慣在不同人身上找喜歡或渴望的特質。
2. 有備無患，避免自己被拋棄。
3. 在關係中不開心、不滿足時，不一定有能力解決。
4. 喜歡透過關係填滿自己的時間。
5. 需要關係來證明自己的存在與力量。

內心的衝突與匱乏

其實，劈腿行為有一個殘酷的事實在於，對方知道劈腿會帶來關係的破裂，會傷害到另一半，但會「無法克制」，甚至也不知道為什麼。

通常在認知上無法理解，意味有沒有覺知的內在衝突，正在內心上演，「劈腿」不過是內在衝突的出口，圍堵「劈腿」行為並不會增進關係的本質，讓愛人彼此更加親密，只會讓外在情感衝突升溫，也強化多腿症的內在衝突。

有人會評價多腿症是一種自私，只考量到自己的私慾，沒顧慮到伴侶的感受，想從劈腿的關係中左擁右抱享齊人之福，但這也是多腿症難以克服的內在空缺問題。

多腿症者容易有非黑即白的兩極思維，容易因為相處中愉快時覺得對方是完美的，不愉快時覺得對方糟透了，而此時希望透過另一個人的美好來提供給自己溫暖，所以多腿症者看似同時愛上不同人，但根源在於自己難以整合內在，在跟A伴侶相處時能感受到激情，跟B伴侶相處時感受到體貼，他不能接受A缺乏體貼依舊是夠好的愛人，他的愛足夠滿足自己，也不願從B身上僅獲得體貼，似乎A、B同時存在在生活中，才能滿足內心空缺感。

多腿症會說得好聽，「當感情中你要改變另一個人時，代表你不夠愛他」，所以他並不想改變任何人，但他同時要滿足自己，即使「不忠」。

只是，我們永遠無法找到完美的伴侶，而我們渴求的伴侶，往往投射了內在匱乏，在愛裡尋找能回到童年被照顧的經驗，或彌補被照顧的經驗，因此在「完美伴侶」渴求中，有無法整合的自己，甚至不願面對的自己。

當一個人缺乏自我整合的能力，就會在不同的人身上找尋心靈碎片，企圖拼湊出自我完美的人生，這也是多腿症內在心理動力運作。

所以，如何好好的純然地愛著一個人，就像美國心理分析師佛洛姆（Erich Fromm）在《愛的藝術》（*The Art of Loving*）中提到：「像愛著自己一樣愛他人……」但多腿症者內在非黑即白的思維模式，早已創造破碎或凌亂的自我，那個只要沒有出類拔萃就一無是處，沒有什麼就不直得一提的慣性思維，自然拼湊出一個想要被愛，但自己先丟棄的自我。

若想要好好去愛與被愛，需要有「整合」與「消融」的過程。

我曾在研究所時期上了資深心理師的愛情工作坊，他分享自身的故事，我一直記到現在，因為太讓人動容。

老師對太太是一見鍾情，他們很快就結婚了，但他一直心理難以滿足，總是期待可以在床第之間有更多激情，總希望太太可以更性感、豪放，但一開始吸引他的太太，就是個優雅內斂的女性，在床上一直無法符合他的期待。

老師是個自覺程度很高的人，對床事糾結也痛苦很久，也知道不斷要求太太也會造成她的負擔與痛苦，而可能繼續下去就要離婚了，因此他求助於自己的老師，希望消除內心的欲求，以換得情感與心靈的安寧。

當中來回討論了很多細節，包括去理解為什麼「性感」形象的需求如此強烈，內在需要有性感的存在讓自己能一展雄風，以及需要性感來補強對身體意象的自卑等，但這些「認知」上的理解，都需要在「情緒」上體會，才能放下。

當一個人不斷專注在要對方滿足自己的過程，就像心中有的黑洞的人，你總是看見不被滿足的部分，對被滿足的給予視而不見，因此不被滿足時，會黑化對方，其實是內心的內洞力量掩蓋體會愛的能力。

其實，整合是看見自己一個個慾望的碎片撿拾拼湊的過程，不論拼湊出什麼樣的圖像，都願意接受那是自己的模樣。進而，我們也能真正接納與欣賞對方如實的模樣，在相處中不會挑三揀四。

消融是非常深度的內在哀悼與接納，放開因匱乏而偏執的要求，承認自己的自卑與微小，用有溫度的大掌穩穩承接與包容自己，用關懷與肯定去面對，即使生命中少了性感，依舊是值得喝采、一樣鶼鰈情深。

經歷深度內在轉化歷程，老師覺得在心靈上不再渴求太太的性感，但關係卻在此時有戲劇性的轉變，太太不知道哪根筋不對，去知名品牌的內衣專櫃買了有別於以往的內衣，也因此他們快速的有了二寶。

這個故事，很令我感動，因為我相信這是困難的內在轉化歷程，要整合與消融，你要面對黑洞，黑洞之下可能是：自卑而渴望對方來幫忙證明；有心靈的飢渴，長期被忽略，而希望無時無刻肌膚之親；有想像的恐懼，父母是無性伴侶，只能透過性愛來證明愛的存在，避免分離之苦。

光是承認黑洞的存在，為自己填滿，就要花上不少力氣，但是內在滿足的威力卻巨大無比。

但我相信在閱讀這篇內容的你，不一定是多腿症者，可能是多腿症的伴侶，所以我要明確地告訴你，你幫不了他，你只能幫忙自己！你無法幫他整合過往與人格，更無法消融他的渴望，你做得一切只是想確保自己被愛著，而最快的路徑還是，先愛好自己、疼惜自己，對他人的議題放手，因為個人成長與改變，是他與神之間的事。

談完內在動力後，再用以下就幾個在會談中常見的描述，從描述中往往可以抽絲剝繭，多腿症者在關係中現存的問題與個人議題。

多腿症者常見自述的五種感受

降低自卑感

「我可以同時吸引不同類型的人，蠻爽的。」

「我喜歡別人看著我，眼神中的慾望、欣賞與愛慕，讓我活過來。」

有這樣的自述，有可能個人在自我價值上本身就不太穩定，而關係的相處也容易引動他自我懷疑。跟不同的人曖昧互動，為了獲得被圍繞跟誇讚，但現實生活中卻常覺得在伴侶面前抬不起頭。

貝琳他有個克制不住的習慣，就是穿著性感睡衣，拍下搔首弄姿的照片給男網友，又是微露乳溝，或從某些角度拍微笑線，私訊給男網友後，總是獲得許多眼冒愛心的貼圖，在那一刻貝琳內心又開心、又厭惡，厭惡自己跟網友。

貝琳跟男友的關係越來越惡化，奮力工作的男友陪她的時間少，但生活與經濟優渥的條件下，貝琳被照顧得極好，卻感覺自己越來越失去生命力。她開始有很多失控行為，包括瘋狂購物、狂吃，衣帽間裡堆積如山的服飾、鞋子，以及三個月驟胖八公斤。每次男友回家就是對她從頭念到腳，更對她把男網友帶回家的事耿耿於懷。

但越被辱罵，她越克制不住傳了更多照片。

原本覺得風姿綽約的自己，在關係中越來越感受不到自己的魅力，每天醒來看著鏡子的自己只感到自卑與渺小，而那一刻她就想換上昨天到貨的「戰袍」開始拍下一張「網美」照，尋找下一個上鉤的男人。

那究竟哪樣的關係互動容易引發「關係中的自慚形穢」，又該如何預防？

1. 像孩子一樣照顧對方，而不是一個成年人

很多親密關係出問題，在於伴侶之間發展出「照顧」關係，而非「愛情」關係，照顧久了非常容易讓被照顧者失去「性趣」，因為類親子儼然成形。一個人在關係中越無法做自己，就容易用失控行為企圖擺脫管控。

解方：尊重並視對方為一個自主獨立的成人。

2. 忽視對方的價值，或經常否定與批評對方

解方：肯定對方的存在與價值，也肯定你的選擇。

當有強制性批評對方的執念時，內在通常有我不允許我選擇的人成為這模樣的控制感。接受自己的選擇，帶著愛的視框看對方，釋放否定的執念，關係才能從高張力下緩解。

驅除無趣感

「我覺得每天一樣單調的生活快無聊死了。」

「找尋新鮮刺激我才不會一天到晚想分手。」

聽這句話會覺得當事人很不知感恩，有可能他生來就很需要高刺激的活動，包括極限運動與瘋狂打電動，這類型高感官刺激度的活動在生活中，但往往這類人在你進入關係之前就前科累累，在關係初期通常充滿各種激情，生活一下豐富度爆表，帶你上山下海，而他們難以忍受生活的疲乏，因此引發爆炸般的衝突也是生活調劑的一環，因為吵架有時可以血脈噴張，吵完後床尾和也可以是一種情趣。

對於「關係中的相處疲勞」，又該如何預防？

1. 與對方好好談論在之前的「前科」，了解他心中的黑洞、寂寥與不滿足，去聊而不嘗試為對方解決，去理解而非批判與恐慌，成為對方穩定的安全堡壘，就是幫助對方正視心中黑洞的方式。
2. 了解自己是否也需要情緒跌宕起伏的關係，總是愛上「壞男人或壞女人」，對好人無感，通常你過往的生活也很多跌宕起伏，只是你尚未意識到。

釋放壓力感

「我覺得不好好宣洩一下，我就要生病了或活不下去了。」

其實這句話聽了讓人很絕望，這是跟新鮮刺激完全不同調的人，因為這類人有過多「無形與有形的壓力」，他自己可能也搞不清楚。而最有壓力的壓力可能是成為「完美丈夫或太太」。因此這一類是很多「他看不出來是會劈腿的人」最常出現的情形，因為他們往往有苦說不出、不能說、不願說也不敢說，在關係中更常見是討好又常覺得自己做得不夠的人。

因此對於「關係中的過度承擔或完美主義」，又該如何預防？

1. 看見他們的付出，也意識到彼此在生活中都該承擔的瑣事與責任。
2. 敏感於他們的「求救」訊號，適時提供協助。

在關係的互補性中，討好或服務型的人，往往容易遇到公主病或王子病者，習慣接受服務而導致關係的失衡，而健康的關係最重要的是彈性，也就是彼此都能提供照顧，也可以被照顧。

擁有權力感

「為什麼我不能做我想做的，你不都過得很爽嗎？」

這句話展現當事人對伴侶有強烈的憤怒與指責，這也意味著關係強烈失衡下，透過劈腿來懲罰對方的行徑，並且將在關係中受到的欺壓與痛苦，轉嫁到伴侶身上。這種強烈報復的心境，可能是當事人在關係中缺乏溝通的技巧，也可能伴侶缺乏聆聽的能力，而透過震撼彈來炸醒彼此對關係的正視。

所以在「關係中權力失衡」，又該如何預防？

1. 反思：一定要對方都聽你的或照你的方式做，才是愛的表現嗎？權力失衡不是一天兩天的事，怨恨累積的報復性外遇，雖是一種兩敗俱傷的做法，卻是對關係無力掙扎的極端表現。因此思考彼此關係中的姿態，平衡兩人在關係中的聲量因此極為重要。

2. 為關係設立「檢視時間」：聊彼此對關係中喜歡與難受的部分。就像是為彼此設立情感帳戶一樣，定期為彼此存錢，而非在不自覺的狀態下，不斷提領一空。

享受優越感

「那有什麼辦法，他就自己貼過來，我為何要拒絕？」

可以講出這句話，已經意味著關係中有著必然存在的失衡，特別是經濟能力上、社經地位上，這當中困難之處在於，即使當事人擁有財富地位又非常自律，但同儕之間又有認為「情婦或情夫」是時尚配件的觀念時，這就強烈考驗關係的信任與親密度。

所以在「關係中的財富失衡」，又該如何預防？

1. 你絕對無法控制對方，你只能讓對方尊敬你，是的，尊敬，這來自你高度的自重。
2. 當一個在情感上可以財務獨立與情緒獨立的人。依賴者最容易讓人有一種：無論我做什麼你都離不開的肆無忌憚，因此個人獨立性的養成，也是擁有自尊的行為。

你一定會想問，為什麼著重在討論「預防」？因為劈腿後關係的修復是另一個課題，這些論述只適合在尚未發生者身上提早預防用，畢竟預防永遠勝於治療。

所以關係中要處理的，並不是「劈腿行為」，全力圍堵或要對方戴上貞操帶，並不能根本解決原因，因為那是關係相處與情緒困擾的結果，需要重新思考關係與情緒的議題，而當這些超出你們可以解決的，那就需要透過學習或尋求專業來處理，因為我們身上對於親密關係相處的行為資料庫，往往大量複製自原生家庭，除非你非常有意識地覺察自己在關係中的姿態或大量閱讀。

一位忠誠的伴侶，有誰不愛呢？但是在忠誠的背後，它需要親密關係中許多的元素，包括「吸引力」與「親密支持」這些，在你們的關係中是否還存在？

「吸引力」來自於「自信」與「關係平權」。

「親密支持」來自於「尊重」、「關懷」、「合作與問題解決」。

關係向來就不是兩個人相愛就好了，它需要經營與維持的能力，因為「愛是止痛藥」（Love is painkiller），舒緩彼此的身心壓力，成為彼此的後盾，而你們願不願意成為彼此的良藥？

02 暴躁症：對外彬彬有禮，對自己人卻不耐煩

他平時在外人面前都溫和有禮、態度謙和，跟自己人相處就特別容易爆氣、不耐煩？相處時狀況時好時壞，緊繃時關係總是一觸即發？最適合形容他的就是「刺蝟」這種生物？

1. 原本平靜的討論很容易突然「夯起來」（台語：抓狂）。
2. 常覺得別人在否定或批評自己。
3. 常把別人的話語過度負面解讀。
4. 固執己見的認知也難以與他人溝通。
5. 防衛心強之外，還有可能攻擊他人。

與暴躁症的人相處，總是充滿各種衝突矛盾感，因為你會覺得他就是某些時候，某個課題上，某根筋特別硬，只是有時候你難免擔心日子久了，會不會在不斷忍耐之下，愛也被磨

光了？

仔細想想，很多事情都是小事，但哪段關係又不是從小事建構而成呢？

茱蒂來到我面前時，已經淚流滿面，她哭訴著不知道怎麼跟老公相處，她們剛結婚近一年，新房子也如火如荼的裝修中。茱蒂向我坦白，在唐納跟她求婚時，她沒有立刻答應，她整整思考了一週才答應對方，讓唐納很高興鬆了一口氣。

茱蒂之所以猶豫，在於她跟唐納平時沒有太多「聊天」的時間，她感覺就像兩個人生活在一起，已經習慣了，茱蒂沒有太多興致聊天，或沒有太有信心聊天，總覺得彼此聊天沒多久，就是句點或不歡而散。可是想著跟唐納在一起，基本上不去要求他做什麼，不踩對方的地雷，有個人陪著生活的日子，似乎還過得去。

然而情感就是這樣的，當你日常的小事沒有討論，沒有彼此的連結支持，遇到大事就容易搖搖欲墜。

茱蒂在生活中大部分時間，都是個好好小姐，能讓的、不吵不鬧的，她基本上都做得到，唯獨裝修房子這件事，她開始有自己的想法和意見，畢竟當初勉強結婚最重要的目的，就是能好好離開三十年的原生家庭，真正達成創造自己家庭的願望，所以說白了，唐納只要不太過分，還像個樣子、工作與家境也沒什麼好挑剔下，她就願意繼續走下去。

「有一天回家我跟唐納說，我找得那個設計師怎麼樣，你們有電話溝通了嗎？結果唐納罵我先斬後奏就算了，說他現在不想討論，也沒興趣，就進房間甩上門，也沒有想讓我進主臥房睡覺的意思。坦白說我還真不知道我做錯什麼，所以是要找設計師？不找設計師？要什麼風格？要不要先訂購家具？我每天都在想房子裝修跟布置，他也不跟我溝通想法。」

「這兩年相處下來，我大概摸出要怎麼跟他相處，其實就是等他開口，這是最安全的，但我實在忍不住了，難道我要一輩子都當個沒聲音的人嗎？很多人都跟我說唐納就是太大男人主義，也會跟我說唐納也不壞，不抽菸、不喝酒、就算再生氣也不動手，但這樣的相處根本就是慢性折磨。」

「過了兩天之後，唐納終於跟我說話，也是劈頭把我罵一頓，說我不止不尊重他，也沒把他放在眼裡，甚至不相信他會把事情處理好……我覺得很不可思議，他總是把我的話極為負面解讀，而且這麼重要的事情，為什麼不是兩個人共同討論？還是要等他找我討論，才是兩人共同討論的時間？」

暴躁症者，看似處處與親近的人針鋒相對，實質上是過度在乎親近者怎麼看待自己，在擔心自己不被認同的時候，容易先入為主的認為他人不同意自己，而有言語攻擊的行為。

刺蝟孩子的受傷童年

至於唐納，則是秉持完全不同想法。

「我以為我終於找對老婆了，我不用再承受像我媽那叨念個不停，我該做什麼，我做什麼不對，我最受不了在我做事情時，有人一直在旁邊提醒我、指導我或者質疑我，每次回到我媽身邊，我就覺得我像個一事無成的小子，完全無可取之處。剛認識茱蒂，她根本是天使來著，我說什麼她都同意，也不會要我改變什麼，完全接納我欣賞我，但我不知道為什麼好好相處一陣子，她怎麼開始出現跟我媽一樣的行徑？我當然也知道裝潢房子是件大事，但就讓男人來操心就好了不嗎？她結婚這種大事，不也很多事都由我來主辦嗎？我就喜歡看她小鳥依人，不過問不干涉，讓我全然作主的方式，因為我跟她說過很多次，我討厭像我媽一樣的女人，我以為她很懂我！」

聽了唐納的說法，除了覺得他耳根子硬，也不難理解為什麼他需要用暴躁來解決意見不一致，因為他是如此努力維護自己的尊嚴，維護心中「我是好的存在」，內心的脆弱與無助，他用暴躁來掩飾，卻總是被周遭的人看穿底層那薄弱無比的自尊。

當一個人從小感受到自我意識受到限制時，有的孩子會對此感覺習以為常，敢怒不敢言，多數情形還是在親子關係中當個乖孩子，在親密關係中也多會是順從的角色；但若他對此限制感覺相當憤怒時，往往在親子關係中有很多衝撞，直到父母拿他沒輒，然而進入親密關係中，一旦在關係相處中他感覺到不被支持時，就會再次重演在親子關係中的憤怒感。

伴侶關係中如何不斷保有親密，最重要一環功能是能對彼此生活產生共識，也就是彼此在不一致中可以取得平衡的一種相處方式。但暴躁症者基本上很難取得這股平衡，因為雙方意見不一致時，或者讓他感受到自己的行為和思想不被支持時，就會引發那受傷的內在小孩，讓他在親密關係中，必須像在親子關係中大力捍衛自己的思想和行為一樣，大力推拒身旁的人所給的任何意見。有時雙方只是意見不一致，會讓他陷入小時候所有意見不一致的場景都是要被強迫接收的狀態，小時候那種被迫接收的無奈和無助感，在長大之後令他感覺格外厭惡，因此更容易用憤怒來表達。

內心渴望自由與平等的孩子

這受傷的內在小孩，被貼上「暴躁」、「無法溝通」、「壞脾氣」、「難搞」、「防衛心強」、「刺蝟」等標籤，但內心的孤寂，恐懼無法自由呼吸的痛苦，渴望能隨心所欲地說出自己的想法不會被否決，渴望被當成一個獨立個體般的尊重，而不是大人的附屬品，更不是思想的魁儡或是夢想複製人，他們只想要擁有自己的聲音和主權，卻沒想到爭取的路途上充滿荊棘，因為他們同時缺乏尊重他人的能力，更缺乏與他人協調、討論的技巧，他們會得就是用情緒「控制」他人，偏偏他們總覺得人生備受「控制」。

親愛的，如果你經常在「控制」這件事與周遭的人奮戰，想邀請你好好感受「控制」，也好好感受自己在內心裡築起的高牆。

- 是否對於他人正在左右你的思緒會特別敏感？
- 是否對於不同於自己的聲音和意見特別在乎？
- 是否對於別人與你站在同一陣線特別渴望？
- 是否對於持不同意見的人你總是特別反感？

你要做的，是好好回顧自己生命中那個不斷面臨拒絕和壓制的孩子，那個長出自我意識想要以自己的想法做事的孩子，面臨處處的限制和擔憂，在每一次被喝止時內心受傷的感受，夾雜著不被信任和尊重的難堪感，你對自己的質疑又多添一筆。為了避免再被侵門入戶的綑綁你的自由，你開始在心裡築起一道道防禦，並在偵測到不同於自己的聲音時，砲火猛烈地反擊。

練習去撫慰內在受傷的孩子，看見他的存在及他曾經在關係裡受到委屈，那個曾經需要聽命於人的無助和無奈，並讓自己從中解放出來，告訴自己其實你願意練習保護自己和捍衛自己的聲音，不用總是過度防衛或與他人衝撞，帶來關係中的兩傷。

如果你沒有意識到自己的受傷，將有可能轉為關係中的暴君，或是難以伺候的愛人，進而壓迫在關係當中在乎你的人，要求對方順你的意，因此你成為你向來最討厭的「控制者」角色，當你意識到你跟大人一樣在控制親密關係中的另一半時，只會讓你更感覺痛苦也更討厭自己了。

記得，你已經長大，沒有人能控制你，越常感受到控制，通常也意味著生活很多時候都感到失控。當你有穩定的自我，你不會擔憂他人不同意自己，因為你自己就能支持自己，也能理解與肯定自己的作為時，你將能敞開自己，去傾聽他人，你感受到的，不會是他人對你的否定與控制，而是彼此的差異。

那些你感受到的控制，其實是一種情緒的影響力，而當你能理解情緒背後的恐懼、擔憂或悲傷，你將增長對他人的包容與接納度，自然能將心訓練得柔軟又強壯，不再需要強大憤怒的外殼來保護或防衛了。

親愛的，在撫慰與療癒自己後，你可以成為那個為自己卸下心防的人，更自在地去感受愛與被愛。

面對總是容易抓狂的暴躁症伴侶，該怎麼辦？

當你的另一半經常有刺蝟般的反應，關係中勢必常有摩擦和張力，你很容易因為對方的防衛與攻擊而被刺激，或覺得打仗打得有點挫敗時，也許你可以回到內心去思考，你是不是真得懂對方，當然，也要問你的是，你夠不夠懂自己？

是什麼讓你被對方的防衛與攻擊刺傷？

看懂對方的行為，將行為與你的價值分離

對方在關係中的防衛與攻擊，有時候是他的投射，更是他對他自身脆弱自我的保護。而你需要反思的則是，是否自己害怕被拒絕、被推開？還是害怕被指責、被嘲諷？在這些擔憂裡，可能有未知的自己，你都可以回到自己身上去重新理解彼此，當你深刻理解後，就有能力去分開對方的行為與你的價值，不會被他的行為牽著走而變得否定自己。

看見對方的內在小孩，學會疼惜他

試著靜下心來，剝開伴侶層層的保護殼，去看到他內心的柔軟與脆弱，他的刺蝟行為就能變得更好理解。

為愛設立界線

當關係一直處在衝突與摩擦狀態，勢必消耗你在關係中的愛，當越愛越痛苦時，自然會想要離開關係，若希望繼續保有在關係中的熱情，需要學會為關係設界限。

第一步：說出感受。例如：「親愛的，我想我們的關係需要討論討論，我一直都很在乎你，但我覺得我們之間總是不停有些摩擦，我的心意被你誤解時，我其實覺得很受傷／挫折。所以我希望我們能一起討論可以怎麼調整彼此。」

坦白地陳述對於關係的困擾，以及你想要討論和達成共識的事情。

第二步：說出界限。說出自己可以跟不可以的。例如：「如果這段關係變得說話都要戰戰兢兢時，是很累的，而我也沒辦法一直在備戰狀態，我很希望我們彼此都能輕鬆且相信彼此的。下次再有這樣相處出現時，你覺得我們可以怎麼做？」

第三步：達成共識。主要是能在關係中有彼此的通關密語或關鍵字，提醒彼此「發作」時，要回到關係的共識上。例如：「我可以提醒你『現在有點緊張』嗎？還是你希望我給你一個擁抱？」

設立界限的目的是避免關係中令人不斷產生痛苦的情境持續發生，為消耗性的關係設停損點，提醒彼此回到對關係的平衡與愛裡，而不是關係的傷害中。

親愛的，在撫慰與理解自己後，你會更有能力支持他人，你也可以成為那個為自己、為他人卸下心防的人，更自在地去感受愛與被愛。

03｜恐怖情人：一不小心就想查勤、控制對方

最近，恐怖情人的新聞似乎一點都不缺，越來越多人對遇上恐怖情人這件事感覺恐懼，若真要談論恐怖情人的課題，其實一本書的專論都不足，已經有出版的書籍我特別喜歡這兩本書《他，會是恐怖情人嗎？》（*Invisible Chains*）由作者心理諮商博士麗莎・馮特思（Lisa Aronson Fontes）所寫，她積極投入協助受虐兒童及婦女的工作，處理各種棘手的家暴問題。當中細緻的論述恐怖情人的行為特徵，以及分手準備工作，也有許多在關係中自我評估的量表，因此可以更客觀的幫助自己了解狀況。

第二本則是諮商心理師李訓維所撰寫的《邊緣人格》，雖然這本書並不專門討論恐怖情人，而著重在討論這類人格特質者的不安全感過於強烈，在情感中因而有戲劇化、愛恨分明跟傷害性的狀態，容易出現許多控制、威脅等關係中令人痛苦的行為，也談論到如何與這類型的人相處。

當然，還有一些專書分別是《親密的陌生人：給邊緣人格親友的實用指南》（*Stop*

Walking on Eggshells）與《愛你，想你，恨你：走進邊緣人格的世界》（*I hate you, don't leave me*）都很值得參考。

在實務工作中，說真的「恐怖情人」不容易成為我們服務的對象，因為他們並不認為自己有問題，也通常缺乏覺知，因此往往是被他們「愛」上的對象，比較有可能來到我們面前，但有可能在某些情境下，我們自己也很有可能不知不覺變成恐怖情人，容易在親密關係中展現此特質，而出現極端行為，讓周遭的人心生恐懼。

九種情境，不知不覺變成恐怖情人

在跨情境的廣泛模式，有些人對人際、情感與自我形象表現極不穩定且衝動，只要符合其中五項或以上，就有可能讓人不知不覺變成恐怖情人：

無法忍受被人拋棄

一旦覺得被拋棄，就會有激烈反應，包括想像自己被拋棄，也會有激烈的反應。例如：看見伴侶跟其他異性有說有笑，就懷疑自己被背叛；例如：伴侶晚回應訊息，就認為伴侶準備要拋棄自己。

極端的思考模式

是非對錯以自己的認知為中心，極易造成人際衝突。當對方不同意自己，可能會破口大罵、歇斯底里或轉身離開。例如：對方週末不能約會，就認為對方不符合一個伴侶該有的標準，就要求對方寫悔過書。

自信心低或過度自信

有自我認同障礙，自信心低或過度自信，因此影響人際關係，常懷疑自己的價值、魅力，或常覺得任何人都該順從自己。例如：當對方已讀不回，會強烈懷疑自己說錯話，瘋狂道歉以「挽回」關係；或者奪命連環叩，認為當自己有需求對方就該回應。

情緒低落時，會有自我傷害及放縱的行為

總是依賴他人來定義自己，當他人不在自己身邊或不順自己心意，就容易有情緒起伏，因為心理痛苦強烈，認為自我毀滅也無所謂。情緒低落時，會有自我傷害及放縱的行為，例如：飆車、瘋狂購物、傷害他人的衝動。

威脅他人不得結束情感關係

會藉由輕生、自殘等威脅他人不得結束情感關係。例如：情殺在關係中會透過自傷或傷人的方式來威脅，通常已經生病，就需要透過一整個醫療系統來治療與支持，若總是妥協就如同螳臂當車。

對憤怒難以控制

不合時宜的爆發憤怒情緒，或對憤怒難以控制，例如：校園傷害槍擊恐嚇。覺得胸口就一股氣，就是該發出來，不論何時何地。例如：在公眾場合羞辱與辱罵他人，要他人下跪道歉等。

憂鬱、焦慮情緒會持續數小時

情緒失控時，憂鬱、焦慮情緒會持續數小時，容易因為自我不穩定與極端思考，而陷入無法自拔的黑暗深淵中，強烈鑽牛角尖而不論身旁的人如何安撫，都難以改變強烈或低落的情緒狀態。

害怕孤單，經常有空虛感

自我不穩定的狀態，無法自我陪伴、自我安撫，總需要他人存在，因此他人不在時就會空虛、寂寞，當一個人在關係中難以獨處，總需要黏膩，另一個人就會更渴望獨處時間，而導致恐怖情人經常覺得自己不被重視、要被丟掉感。

嚴重解離感

在瞬變中，出現與壓力有關的妄想，或嚴重解離感。「解離」是一種心理防衛機轉，通常人在遭受重大事件時，為了保護自己免於身心傷害或是精神崩潰，會感覺自己並不是自己，有身體斷線感，或自我抽離感。

綜合前述，強烈的自我不穩定感，總需要在依附他人的過程來感覺自己的存在，但又因為常覺得自己很不好，而很恐懼對方離開自己，而有強烈控制的需求，來確保自己的存在感。也因此跟這樣的人相處，會有窒息感，缺乏自由與戰戰兢兢，而讓人想拉開距離，但是當恐怖情人感受到「距離」，就會有各種手段來「拉近」彼此。

說到這裡，我想你會想問，在日常生活中，有沒有哪些行為比較容易判斷呢？

畢竟恐怖情人不會一開始就恐怖，通常是發生在他「知覺」到自己要被丟掉、要被背叛，所以當關係總是順他的意，總是相親相愛時，基本上你不一定會注意到他的恐怖，但有可能你會覺得太肉麻到喘不過氣來，或有可能會希望關係慢下來，以及退後一點，免得被撲上來。

小心「太好、太多、太快」的相處模式

這裡就以「太好、太多、太快」來說，恐怖情人在情感相處中的狀態，幫助你對這類型

的人提高警覺。

太好

對你超級宇宙無敵好，甚至幾近完美般無微不至的照顧你。

例如：溫馨接送情，不論你下班多晚堅持接你，就算他出車禍，車體毀損還是要接到你，這種看似令人感動的行為背後，其實是希望掌握你上班以外的時間，行「社交控制」。當一個人為了與你碰面，而無法思考重要性與安全性的基本問題時，那他是否可以承受分手？

例如：心疼你工作忙，想要養你照顧你，並不斷告訴你不能讓自己的另一半養尊處優，是男人的不是等這類話灌你迷湯，其實是希望你不要擁有自己的經濟能力，當一個人擁有經濟基本上也擁有獨立的能力，而你缺乏賺錢的能力，就等於離不開對方，多數時間也只能啃在家中，無法成長自己。

太多

會給你很多的東西，包括體貼、關注與個人資訊等。

例如：大量傾倒很多資訊，希望你全部都知道，其實也期待你與他一樣透明，交代清楚你的過去歷史，包括你現在所有的一切，並且告訴你愛就不應該有任何隱瞞，但當彼此交淺言深，都還不夠信任彼此時，說這麼多資訊會讓感覺沉重有壓力時，就要謹慎他是否懂得尊重別人的界限，是否允許他人保有自己某一部分不準備要透露的訊息。

例如：打腫臉充胖子的討好，像是月薪三萬卻願意一個晚上租豪華跑車，帶你上五星餐廳並準備九十九朵玫瑰，卻沒有思考與評估財務，當他不計一切代價與後果要獲得你的歡心，這並非浪漫，而可能代表他有嚴重衝動控制的問題，當你們在一起後，他無法控制的情緒衝動，將成為你們要共同承擔的議題，很可能你需要幫他收拾善後，因為他會丟一句，那是太愛你才做的，都是因為你啊！

太快

會感覺到進展迅速，好像很努力往下一步推進。

例如：希望趕快見父母、見你的朋友們，似乎很積極參與你，但一般情況人們希望謹慎對待關係時，會希望更確認彼此、感情更穩定再決定，但對方很著急地推進，一方面好像很想跟你趕快定下來，其實也是希望更精確掌握你生活圈裡有哪些重要的人，並且知道他們住在哪裡、在哪裡工作等，這些資訊都可以成為未來找不到你的時候，知道去哪裡找人的線索，或拿來威脅控制的地方（我知道你爸住哪……）。

例如：希望趕快住在一起，好希望每天醒來可以看到你的笑容……，但你們才認識一個禮拜！「同居」看起來可以就近照顧你，但依舊是明確掌握行蹤，親近又黏膩最直接的方式，接著，就會是進行一連串的控制，每次傳訊息、打電話都要知道對方是誰，有什麼事等等，希望你們所有的內容透明公開，希望你們所有時間、生活重疊等。

簡單來說，這些太好、太多、太快的相處模式，會有許多層面的控制，「社交控制」、「經濟控制」、「思想控制」，也就是她希望你整個生活與世界，最好都是無法改變，因此你只能老老實實跟他再一起，只能陷入兩人世界中，不能有其他人。

所以當你發現對方希望你：

1. 沒有腦袋（無法思考，只能聽他的）。
2. 沒有金錢（無法自主，只能用他的）。
3. 沒有朋友或家人（無法找人討論、陪伴，只能繞著他轉）。
4. 沒有自己（無法決定，他說了算）。

這將會是一段窒息又恐怖的關係。

好好相信自己的直覺，好好檢視你在關係發展中的感受，不確定時找專業或信任的人討論，才不會完全被愛情沖昏頭，而邁向後悔的不歸路了。

那麼，具體來說，遇到恐怖情人又該怎麼辦呢？

恐怖情人什麼時候會發作他的恐怖特質，往往是兩種情況：

1. 感覺你們要分離、疏遠時。
2. 感覺你有背叛、偷吃的嫌疑時。

這兩種狀態，即使不是事實，卻會引動他恐懼被拋棄的情緒，而情緒會出現極端反應，開始有控制與攻擊等行為，為得其實是確保自己的所有物（伴侶）會待在自己身邊。

因此當你意識到他有恐怖情人的特質，想要遠離他時，往往已經上了賊船，要全身而退基本上非常困難與辛苦，但不是不可能，而真正讓你感覺可以安然下莊的時候，只有一個狀態，就是：恐怖情人不再愛你的時候。

當恐怖情人還愛著你，就會一直存在無論如何都要在一起的執念，而此時你可能因為害怕或厭惡，你會自然想拉開距離，而這個動作正好引爆危機。

讓恐怖情人不再愛你

所以具體作法讓恐怖情人不再愛你，有兩種形式：

反其道而行

恐怖情人很黏、很煩、很噁心，如果你可以控制你內在對他的害怕和厭惡，你可以讓自己也變得很黏、很煩、很噁心，甚至最好讓他有愛錯人的感覺。

例如：深夜哭哭啼啼的打電話給對方，說你做了惡夢，需要聽聽他的聲音，並且要用高頻率、高密度的方式打給對方。

例如：經常查他手機、經常疑神疑鬼、經常指桑罵槐、經常歇斯底里。

例如：生活習慣變得其差無比，滿地便溺、使用過衛生棉亂丟，完全魚干女狀態。

你可能會好奇，恐怖情人不是很希望一直有人黏著他，需要他嗎？反其道而行不是正中對方不想要分開的期待，反而越愛得火熱？

其實不然，恐怖情人絕對不會喜歡跟自己一樣的人，因為恐怖情人本身極度討厭自己，當他看見有人比他還沒有安全感時，他會開始懷疑人生，原本對伴侶的美好想像破滅，那個會拯救他於痛苦寂寞深淵的人，反倒成為要將他吞沒的人，那一刻，原本習慣黏著對方的恐怖情人，也開始退避三舍，那一刻起，就是對方不再愛你的契機。

地表上消失

這是大多數人會採取的方式，換工作、搬家、換手機，用空間換取時間，一般而言，消失半年左右，也是恐怖情人可以忍受寂寞的最大值，這時候他們會在痛苦的死心之後，去尋找新的依附對象（愛人）。但是一定要切記，這當中絕對不要被他找到，一旦找到基本上就前功盡棄，因為恐怖情人會因為錯誤的期待，一直握有執念，那份糾纏將是沒完沒了。

如果你問，什麼時候是風頭過去了，就是當你確認他現在身邊是有伴侶的情況，但這個伴侶是否是用來取代你？還是他真得愛上對方，那還是會導向不同的結果，因為當對方沒有真正放下你，恐怖循環還是會捲土重來，你只能真的做好完全消失的心理準備。

當然，婦幼專線一一三，現代婦女基金會，甚至於二〇一六年通過的恐怖情人條款，都是你可以求助的資源與法律途徑，還是建議你在多方諮詢與評估後，確認自己的身心條件，再採取行動。

04 依賴症：工作生活沒問題，遇到感情就失能

有一種愛情，叫兩棵歪脖子的樹，糾纏共生。

我們都生來孤獨，卻需要學會合群，我們的成長都被要求要獨立，可是獨立沒有完全，我們進入關係成了一束束藤蔓，追尋攀附著纏綿在彼此身軀上，而這般的愛又該如何成長茁壯？灑落一地失望又哀傷的淚水，融入塵埃裡，滋長出夠多的藤蔓，越番緊密的交織，譜出一篇篇令人窒息的愛。

愛情依賴症的現象

親愛的，這是你嗎？

1. 當對方沒有回應須求，覺得對方不在乎、不夠愛？
2. 當對方拒絕提議或邀請，感到失望、失落，感覺自己被否定？
3. 當對方做的事你不認同，就無法忍受、大吵一架？
4. 當關係結束，就覺得自己失敗了？

在依賴症者的眾生相中，往往並不如我們預期的，總是楚楚可憐模樣的人，有時候他們可能是很能幹、充滿活力，只是在生活中花大半的時間都在想著「愛情」、「關係」或「家人」。

你一邊工作，想著卻是昨天男友跟你說得，他覺得相處得很累，搞得你心慌意亂，工作無法專心也交不出好報告。

你一邊吃飯，卻想著為什麼老公遲遲不回你訊息，是不是又不小心激怒他了，還是他最近跟新來的女同事在幹麼？

越是花時間想對方，越無法花時間在自己身上，也因為不願意花時間陪伴與照顧自己，而花更多時間想著對方，越需要透過對方的回應來讓自己感覺安心、有連結感、有安心感，或者，「自己沒有這麼不好」的短暫安全感。

愛情依賴症的伴侶，很容易在與伴侶相處時，就傾倒很多的情緒或生活事件，有時候讓伴侶難以招架，在關係共構的結果，伴侶開始閃躲、延遲回應，因為在關係中感覺窒息。但對依賴的伴侶來說，自己已經忍耐五十六小時又三十五分鐘的委屈和憋屈，為什麼只要伴侶一點「用心」伴侶卻做不到？

「自我厭惡」、「自我疏離」往往是這群人最核心的問題，越是不喜歡自己，越需要有人陪伴，越需要時間被填滿，而且最好是伴侶填滿最完美。

而依賴症更進階的版本則會是，想要一直待在家中或伴侶身邊，而不重視自我發展，更不在乎自己的生涯，而最後不只是情感依賴，跟著也經濟依賴，成為在關係中攀爬的藤蔓系，伴侶成為你的重心與唯一的依靠時，你在關係裡越容易感到恐懼，而有更多暗黑的情緒，包括控制、不安，甚至你可能嫉妒伴侶的成就，當然你也會容易有許多的無助感。

如果這是你，那這是兩顆歪脖子樹的愛情，而這是愛情依賴症，你會讓自己不斷在愛情了痛苦與歡樂兩極裡劇烈的跌宕起伏，直到有一天你們彼此摔得體無完膚，脖子歪得幅度更深，糾纏共生，互怨互艾，消磨彼此的愛也消磨彼此的人生，而很可能，就是一輩子。

詩意又失意，需要愛情的滋養

那天艾曼達約我喝咖啡，每次想起這個朋友，說真得有些心煩、心累卻也心疼，她在愛情裡兜兜轉轉十來年，每次遇上的人都讓姊妹們不禁搖頭無數次，白眼翻到後腦勺，但艾曼達每次說起話來那份細膩與詩意，以及幾句經典台詞，讓我還是騰出時間赴約。開始了。

艾曼達：「我跟艾布特的愛情真心太痛，真的不要也罷，被他折騰得不成人形，扭曲地認不出自己，真正的愛，不該是把我捧在手心好好呵護嗎？真正的愛，不該是懂我的需求滿足我嗎？真正的愛，不該是很想把握每一分每一秒的相聚嗎？」

艾曼達開始自己的自問自答，每次我都覺得她明明知道答案，卻總是執迷不悟。

艾曼達：「我在這段關係裡，每次相處都有種頭越垂越低，低到顏面無光，也低到尊嚴所剩無幾，我不懂都這麼委屈，為什麼還得不到艾布特的愛和關注。每一次我下定決心想要離開，但是不甘心、捨不得、放不下，一次次牽絆我，但每次留下之後，並沒有抬升我在關係中的地位，我只有更委屈，因為沒多久，艾伯特就故態復萌。」

我說：「這次艾伯特做了什麼呢？」

艾曼達：「還能做什麼，上次有人看到他摟著一個短髮妹子逛街，我質問他時，他也只是輕描淡寫說是高中同窗的妹妹，陪他買高中哥哥的禮物，他還問我為什麼要如此大驚小怪，是派人跟蹤他嗎？」

我其實不太懂，艾曼達這個談吐與外在都這麼優雅的女性，怎麼會在愛裡這麼乏味，這種談話與情感相處中的乏味感，是堆疊出來的，這讓我想起我看過得一部韓劇《花遊記》。

艾曼達的狀態，就像《花遊記》裡的女主角陳善美，也就是三藏，這是一部此劇根據中國古典名著《西遊記》為背景改編，講述擁有致命頹廢美的齊天大聖孫悟空，與擁有獨特世俗本性的三藏法師陳善美，在二〇一七年惡鬼猖獗的黑暗世界中找尋光明旅程的故事。三藏與悟空則在這過程中，譜出一段戲劇般的淒美愛情。

陳善美基本上在每一集都一定會問：「悟空愛我嗎？」「悟空還愛我嗎？」「悟空愛我哪一點？」

而每一個環繞在陳善美三藏與孫悟空之間的「壞人」都可以觀察到陳善美的患得患失與恐懼不被愛，而經常從中作梗、挑撥離間，讓悟空需要不但對三藏再保證。

那股乏味是，陳善美再進入愛情前，是個事業非常成功的女性，因為擁有看見惡鬼的能力，而有辦法買下凶宅，藉由幫助惡鬼滿足遺願而讓惡鬼不再成為地縛靈，因此房價可以加倍翻轉。而進入愛情後，陳善美不再是那位意氣風發，知道自己人生目標的成功女性，而是總等待著悟空出現的依賴小女孩。

這倒也是，陳善美出生時，村裡正流行瘟疫，因此她一方面被認定為充滿詛咒的孩子之外，因為從小可以看見餓鬼的天賦，而讓她的學生時期格外悲慘，發展出對自己強烈的不信任，也質疑自己的存在。

這也是愛情依賴症者因而容易發展出糾纏共生的狀態，因為強烈懷疑自己的存在，需要他人讓自己攀附著，來確保自己被愛感與紮根感。

還記得大學剛認識艾曼達，覺得她才華洋溢，進入關係後總是可以擔保她每況愈下。我問：「艾伯特這樣也不是一天、兩天，甚至妳在交往前也知道他前一段關係是怎麼分開的，那妳無法放手的原因，究竟他滿足妳什麼了？」

艾曼達：「雖說他有時很大男人主義，但可以在他身上依賴、撒野，他有時說話還是很溫柔，我們之間相處也充滿激情，這種激烈與樂趣是前所未有的，有時候也說不上來為什麼，就是只要他在就讓我安心。可是歡樂跟痛苦的跌宕，每一次都將我從雲端摔入地獄，我會開始恨自己，怎麼一直被對方牽絆，也更加責怪自己，為什麼選擇一個讓自己受苦的另一半，可是我也辦不到的是，成為扼殺自己愛情的劊子手，卻在糾纏裡痛苦的喘息。」

我深刻地感受到她心裡的糾結，我看見她像是一個不斷哭喊討抱的小女孩，尋求愛的安全感，也企圖尋覓心中片刻的寧靜，然而大部分時候，她所有的心思都環繞在對方身上，確認為只有對方是她心安的來源。

艾曼達：「我不想再分手了，因為我不想再一次承受失敗，與其失敗，我寧願殘喘的心痛。我其實都看見了，艾伯特忽冷忽熱，以及他看著其他女人眼裡的熱切，但都交往這段日子，我也習慣他的存在。」

艾曼達在見我之前已經做好決定，其實，她只是需要有人陪她說說話罷了。

這種被背叛的痛楚，就像是被對方推落懸涯，心已經碎成千千萬萬片，但從谷底往上看，如果對方身影還在，也許會憎恨，但也許也有一絲確幸，如果對方身影消失在懸涯邊，也許不是只有墜落谷底而已，而是不停墜落在無盡深淵了。

再痛苦的關係也捨不得放手、不甘心離開、沒辦法結束，是依賴症者又無助也無奈的狀

態，他們往往都有「共依附」傾向，簡單來說，對於「一個人」他們有無盡負面的想像和恐懼，而總是需要有個伴。

愛情依賴症背後的共依附特質

以下摘錄自賴美秀所寫的一篇文章〈共依附特質及對個人發展的影響〉。

美國精神科醫師莫瑞．包溫（Murray Bowen）認為，共依附是一種發展中的現象，不盡然都是負面或失功能的，他認為共依附包含與他人合併、避免衝突、縮小差異……，他們更有以下特質：

1. 外在聚焦的：個體過度的外在聚焦而忽略本身。
2. 失去自我的疾病：在受虐、失功能的家庭環境中，真實自我不知如何處理苦痛，而由假我、共依附的自我來處理。當個體失去真實自我的時候，常會感到空虛感，因此個體常會拿本身以外的事物來填滿空虛，但他們通常無法填滿這空洞的感覺。

其實，恐怖情人也有這樣的狀態嗎？他們爆裂的情緒來自於不順自己心意的親密他人，強烈渴望融為一體，你儂我儂的狀態。

這種強烈的渴望會讓人想逃避，因此很多依賴症者最後會很痛苦在於：

- 我已經對伴侶付出這麼多，為什麼他們還劈腿？
- 我只是要他每天講個半小時的電話，他就嫌我煩！
- 他工作越來越忙，好不容易回家又擺臉色給我看！

或許你並沒有意識到你在關係中的行為和姿態，如何影響的關係中的對方，或者可能已經傷害到對方，但因為見不到對方的痛苦指數太高，以至於你沒有心理空間再去體會對方的難受。

掰直已經長歪的樹幹

親愛的，覺察在關係中的行為、情緒與想法，而不是一直看著對方的行為，要求對方改變，索取對方的陪伴，理解自己且運用有效的方法取得你想要的關係互動，關係才能穩健又健康的持續發展。

辛苦的是，要陪自己走一段療癒的路，重新建立起自我，並好好踏實地在生活中立足，而不是焦急地攀附關係索取照顧或強烈渴望付出去獲得他人的喜歡。

依賴症者，最需要給的自我療癒處方是：拾起自我照顧的責任。

之所以依賴，來自於獨處時容易有各種負面情緒，在與伴侶分開時，如同初斷毒癮般痛苦炸裂開來，就需要伴侶臨在來緩解身心劇痛。去正視內心那哭喊討抱的孩子，去成為那位在孩子需要時，願意傾心照顧與陪伴的大人，願意心疼與安撫的大人，你對自己的同理，將能緩和你在關係中失控的索取照顧。

這些在關係中的習性，在你不斷的自覺與情緒的調節，才能一步步拿回生活與情感的主導權了。

需要承認自己在歪脖子愛情裡的渴望和幻想，那些不切實際的期待和完美愛情的迷思，都是磨掉我們而讓情感越加歪斜，當我們得以務實地看清愛情，在被愛中長出自我照顧的能力，支持彼此的自主與獨立性，你們就能成為兩棵美麗參天，又讓人欣羨的樹了。

不再歪脖子，也不再窒息了。

05 被虐症：就要愛得轟轟烈烈，才值得

你曾經多次被朋友說有被虐傾向，或者被說是渣男、渣女收集器？

通常被虐症會有以下症狀：

1. 總是不自覺投入沒有結果、不夠穩定的關係。
2. 對平凡穩定的連結沒有激情與火花。
3. 習慣痛苦與高強度的情緒感受。
4. 可能習慣被傷害，也可能傷害他人來獲得情緒滿足。
5. 當關係變得相愛平靜，反而會不習慣而無所適從。

在暢銷長達三十多年的著作《依附》中，曾經精確地提到，有時候啟動一個人的「愛」或「悸動」的感受，真正在身心運作上，其實是「依附系統」被啟動，但這並非是健康的。

在一般情境下，當孩子被好好照顧時，或者照顧者總是能及時回應孩子的需求，並不會讓孩子感覺不安全，而此時「依附系統」並不會被啟動，因為根本不需要啟動，你要的愛一直都存在。

但在不安全的情境下，例如孩子感受到父母不在身邊，或者父母被什麼事情困擾，而沒辦法回應孩子或照顧孩子的需求時，孩子的「依附系統」會因此被啟動，企圖尋求安全與被愛、被照顧的感覺，當對方有回應的時候，依附需求獲得滿足，就會感覺安定與被愛。

也因此，在長期不安全的情境下，包括經常有強烈的情緒波動、情緒容易被忽略等狀態下，「依附系統」太常因為不安而被啟動，因此很有「感覺」，畢竟被啟動時就是一種心的不安與悸動，很多人因此將這感受誤認為「愛」，但其實是內在正在警告自己這是一種危險狀態。

所以，被虐症者常被不安定的感覺制約，覺得不安定才會有心漏跳半截的感受，也因為不安定帶來的戲劇性與不確定性，強化自身苦情與悲情的角色設定，似乎生活總要有些慘烈才配得上男主或女主的稱呼，卻因此將自己不斷推向辛苦與痛苦的深淵裡。

凱蒂的強迫性重複：有一種愛情，叫「因為我不值得」

凱蒂的愛情總是沒有結果，要麼當別人的小三，不然就是不安定的靈魂，而凱蒂總抱怨自己怎麼都遇到這些人。

讓凱蒂當小三的第五任男友札克，在凱蒂眼裡卻是溫柔無比，如果沒有這個男人，他不知道該怎麼辦，他在自己的家中感受不到愛，在男人的溫柔中看到自己的存在。

凱蒂解釋著：「我這樣的人，又能遇見多好的對象？有人愛我就該讓他愛阿，又有人照顧，多好。我想單身又條件好的人，是不會要我的。」

第六任男友就是凱蒂說的不安定的靈魂，盧卡斯小凱蒂五歲，他莽撞、愛飆車、抽菸，又經常跟凱蒂借錢，她心裡清楚父母都是大學教授是不可能接受這條件的男生，卻在他的激情裡，感受到活力跟活著的自由。

凱蒂說：「反正我也找不到像父母這樣優秀的人，我也長不成像他們這麼優秀，我只要感覺開心就好，卻在關係裡感受不到深層的連結，又感受到隨時要失去的矛盾。」

凱蒂成長在一個父母都是高知識分子，卻都心繫於工作中，對孩子並沒有花費太多時間跟精神在孩子的陪伴上，凱蒂只有在發考卷或者大考之後，會感受到父母「強烈的存在」，而在那時通常是被罵得最慘，被責備沒有做好學生的職責，更沒有當好一個乖女兒。

奇怪的是，與父母互動的「連結感」，那種若即若離，那種若有似無，那種靠近時有一觸擊發的爆裂或機情感，卻與她的兩任關係，詭異的相應。

凱蒂的愛情模式基本上是重複的，我經常看到這類型「強迫性重複」的人，不可自拔的重複過往已知受傷情境的關係模式，並經常陷入我知道但做不到的困境裡，因為受傷害的情境總有著致命的吸引力。

細探之下，凱蒂常覺得自己「不值得」，在這信念之下，會有廣泛的延伸，包括不能有完整的愛，不能有被祝福的愛，不能有幸福快樂等，而這個不值得就會是自己愛情劇本中的基調，為你演出一幕幕既浪漫又悲情的劇碼。

當我們對愛的信念裡有「我不值得」，我們都在下意識中，搜尋最終會被「拒絕」的伴侶，也許被自己拒絕，有時是被家人拒絕，這種拒絕釋放著「禁忌」的魅惑，讓你很容易陷入其中不可自拔。然後有一種反正就轟轟烈烈來一場不用在乎天長地久啊！

你在開始前就為自己打預防針：反正我跟他又不適合，在一起不會長久的。

或者你知道，父母不喜歡年齡小的，或者家庭複雜等條件，而偏偏你是會遵循的，又在自己的情感上想要搞點叛逆。

凱蒂的例子還不只是這第五、六任，她過往的幾任還有許多磨損伴侶自尊的行為，甚至凱蒂有時會替他們辯護：「其實他也不壞，只是脾氣暴躁了點……」凱蒂的無奈，伴隨著經常被前任們罵到懷疑人生的行徑，讓我想起有一本書專門在探討這類型的伴侶，也是撰寫《情緒勒索》（*Emotional Blackmail*）暢銷二十年的知名作家蘇珊．佛沃（Susan Forward）寫的《愛上M型男人》（*Men Who Hate Women & the Women Who Love Them*）一書。

如果你也跟凱蒂一樣經常感覺在情感中受虐，且總是註定男贏女輸、男控制女服從的互動裡，那麼你可能愛上了「厭惡女人的男人」（misogynist）了。

M型男人的特徵行為

M型男人特別欠缺商量與妥協的能力，兩人爭執常會淪為嚴酷的戰爭，權力失衡是關係的主調。但因為全然控制一個人是不可能的，因而M型男人常處於失敗的挫折和憤怒狀態，有時會把敵意隱藏起來，轉為精神上的虐待。具體行為包括：

隱含的威脅

他們會暗示性威脅要傷害你的身體，例如：當你不小心把肉烤焦時，他把廚房玻璃杯全摔破，像在暗示你下次破得不是杯子，可能是你的手臂。而這些殘酷行為往往是被無意識的力量驅使。

言語攻擊

他們會在咆哮中夾帶侮辱與人身攻擊，例如這樣說：「你以為你很了不起、很高尚、都不用管家事。」或嚴厲的批評與羞辱，像是：「你怎麼可以將衣服搭配得這麼糟糕！」而當伴侶難過起來時，他會補一句：「我這麼說是為你好！」這些攻擊像是滴水穿石一般，慢慢腐蝕伴侶的自信與自我價值感。

否定

要讓一個人懷疑自己，最原始的方法就是「否定」，M型男人擅長抹煞已發生的事，例如：當他們喝醉酒發酒瘋時，隔天醒來忘得一乾二淨，最典型的說法就是：「我太醉了，什麼都不記得！」讓伴侶產生絕望與挫折感，而不被承認的問題，又談何解決？

親愛的，這些在關係中相處，已經有效引起你恐懼、焦慮與強烈自我懷疑的行為，就已經不是簡單「脾氣暴躁」的問題，長期下來是具有強烈傷害性的，而你可以在好好檢視自己與關係後，為自己成長。

不論是要脫離這類型伴侶，或者調整這顧著的情感關係，你無法等待神天賜良緣，因為相對應的自我價值就是會吸引到相對應的緣分，因此你可以開始讓自己反思，進而調整你的情感模式。

你是否真正思考過，為什麼自己不值得？待在被虐的情境中，似乎背後又有心理需求？會不會「我不值得」也成為你的保護罩，所以感情經營不好也沒有辦法，所以沒有從這裡換去那裡也是剛好？

這個「我不值得」也讓你長出許多毒性的羨慕，你看著別人幸福打卡，忙著結婚生孩子，心中一陣酸楚又說服自己不去看不去想。

但你花了很多心思經營自己、打理自己，你其實知道自己很努力，但似乎怎麼努力都不夠。你總是有意識、無意識地跳過情感問題，當對方想跟你談他真正的感受時，或當對方想要跟你穩定時，或你感覺自己介入他人情感時，或你感覺對方沒有忠誠你心裡不舒服時……你的「我不值得」遮掩了你清澈雙眼和真實感受，是你讓自己的情感不斷處在恍惚催眠的狀態，也是你，不讓自己醒過來。

那究竟，是誰認為你不值得呢？在誰心中，你是那個不夠好的人？

所以親愛的，你說被虐是愛情詛咒嗎？這種愛不完整、愛錯人、又愛得悽慘落魄，裡面充滿我們對自己無盡的折磨，有時你是否願意停下來問自己：

我要好好對待自己，還是為了短暫的歡愉迷失自己？

我要好好珍視自己，還是分得他人片刻的溫柔委屈自己？

我要好好感受自己，還是為了他人需要自己而感受被肯定？（包括金錢、時間與性愛的需要）

你就是一切的因，而感情世界是演出你內心的劇場，因此你總是可以掌控劇情導向。

親愛的，你隨時都可以轉身，把自己愛回來；也可以隨時轉換思維，從「我不值得」微

調為「我值得」。

如何修正被啟動的「依附系統」？

有時很努力擺脫不健康的愛戀，但無法克制的吸引力卻往往在於，當一個人越愛理不理，越容易讓人上癮？該如何讓自己恢復理智，為自己健康的身心做出選擇呢？

在情感中，無法穩定安心地從對方身上獲得愛，會激發一個人心中關於被愛的「不安全感」，因而啟動尋求愛與獲取愛的生存機制，但這股積極、不死心與不甘心，卻不一定是「愛」，而是個人生存機制，卻因為內心激動的怦然感，讓人常誤認那是愛。

至少，愛是你想到這個人可以感到平靜與滿足，而不是想到這個人就焦慮與糾結。背後的機制是什麼呢？

熟悉的模式

可能你習慣被如此對待，或者你的照顧者一直都沒有持續滿足你的需求，而這種愛理不理的對待，同時削弱你在關係中的心理權力，讓你缺乏控制感，卻也讓你感覺這才是真正的愛，又因為愛來得並不穩定，引發你的焦慮，更讓你想要瘋狂努力以避免自己被拋棄。

間歇性增強

這是行為心理學中一種最容易讓人產生「制約」的狀態。例如：每一次打電話，對方都不一定會接，更容易強化你的「期待」感，即使這次沒接、期待落空，你還是會持續做，就希望能滿足期待。在行為主義的實驗裡，也曾做過在一個箱子裡放白老鼠，而箱子設有三個會掉下食物的開關，分別是「每次皆有」、「每次皆無」及「或有或無」，白老鼠會傾向按「或有或無」的開關。這說明「間歇性增強」比「持續性增強」有效。

你說，這是一個人的心智不堅定，容易受他人影響嗎？

你可以這麼解釋，也可以是一個人長期習慣的情感互動模式，對於有回應的愛無感，因為有回應不會激發生存危機感，就不會有怦然的感受，也不會有強烈引頸期盼的興奮，更不會有得不到而跌落一地的失落，這股撲朔迷離的虛實感，就已經讓人的腦海在激情幻想中高潮了。

那麼，該怎麼辦呢？先讓我跟你說說科拉的故事。

科拉跟現任男友傑伊一見鍾情，傑伊是個標準自由靈魂，愛車、愛模型、愛打電動，也愛翹班，科拉會愛上對方，是因為剛開始約會時，傑伊總是有求必應，還很即興的安排約會，例如：科拉想去遊樂園玩，傑伊不是立刻訂票帶他去劍湖山，而是買了當晚飛香港的機票去迪士尼，就這樣那兩天的香港花費花掉傑伊一個月的薪資，當然因為傑伊就是自由的靈魂，因此錢沒了再賺就好，也沒思考或憂慮太多。科拉就被傑伊這種「大氣度」給吸引，覺得自己像是中頭彩一樣，一頭栽進傑伊的浪漫攻勢中。

雖然剛開始約會時傑伊有時就讓科拉找不到，但科拉滿心粉紅泡泡也就沒計較太多，反正每次傑伊出現，總是能帶來許多樂趣和驚喜，例如：又突然決定開車夜衝太平山露營，讓科拉覺得人生有了傑伊應該就不孤單了。

蜜月期過後，傑伊消失的頻率暴增，並不是傑伊就開始出軌，而是自由的渴望讓傑伊想做什麼就做什麼，現在打電動比較重要，就可以一整天都不回電話，現在瘋組模型，就完全無視一直彈出的簡訊。

痛苦的是，科拉一直想矯正傑伊不正常的消失行為，卻在每一次諮商的談話中，逐漸發現自己把所有的心思都環繞在傑伊身上，搞得自己魂不守舍，同時丟棄了自己正在忙碌的事業，一整天盯著電話期待傑伊想到自己。

每一次科拉都沉浸在抱怨傑伊、覺得傑伊帶來痛苦，我總要花很大的力氣才讓科拉回到自己身上，究竟除了情感這件事，科拉生命裡還有哪些事要忙碌？

結果科拉總會在細數之下發現，自己事業沒有成就，自己與父母關係不親近，答應父母要參與專業證照考試，卻念書沒幾天，因為沒有傑伊的陪伴就荒廢。

科拉逐漸發現，當自己在生活中越使不上力，越覺得需要依賴愛情，而且不是平穩幸福的愛情，反而是「有得操心」的愛情，才能真正讓自己轉移生命中的無力感，讓自己可以看似在煩惱愛情與他人，其實在逃避自己的無能。

看完科拉的故事，你是否對總在關係裡「找麻煩」的模樣有更清晰的理解呢？

如果你想跳脫這種不穩定與麻煩愛情的制約，你可以幫忙自己去看見、思考如下：

首先，你可看見自己像實驗的小白鼠一樣，生活在畫地自限的籠子中？是什麼樣的情境與自我的設定，讓你一在進入被制約的「牢籠」中？

再來，你可準備好將自己從這激情的旋窩中帶離，開始過平穩滿足的生活？對你而言可能相對乏味，但也可能只是你的想像。平穩的生活有時候說穿了，就是我可以預測對方生活作息，我可以確定對方會回應我，也可預料他可能的反應，也就是我要的，會有回應、會得到這樣的可預期性，不會充滿各種失落感與失落過後的彌補，或是失落之後的激情，因為日常中就是經常性的需求滿足了。

接著，你是否願意陪著自己去經歷轉換，去面對未知，去展開新的扉頁？是否願意回到自己身上，去正視自己與陪伴自己，而不再總是將目光放到他人身上？

如果是，那就去吧！

去除被虐與麻煩的癮頭不容易，面對孤獨也不容易，但你才是那把鑰匙，那把可以幫助自己打開通往幸福人生大門的鑰匙。

06 受害者：總是覺得自己很委屈

陷入受害者心態是很多人都會有的情形，往往有以下幾種行為：

1. 強烈情緒受害感，包括覺得情緒過不去、不甘心、委屈、憤怒。
2. 知覺到自己有損失感，包括時間青春、身體性愛、一片真心等。
3. 會發展出強烈怪罪他人的意念，失去同理能力。
4. 不認為自己有責任，要求對方負起全責。
5. 想報復對方，希望看見對方也有所損失。
6. 容易因過於痛苦，進而成為加害者，卻不覺得自己是加害者。

在諮商心理師蘇絢慧在《受害者情結》一書中，歸納了八種特徵：

1. 心靈孤兒原型
2. 無助心態（弱勢標籤）
3. 偏執人格
4. 敵意及攻擊傾向
5. 自我中心
6. 情感匱乏
7. 不願意承擔責任
8. 病態的悲苦角色

從歸納來說，長期在關係中當受害者，往往會更弱化自己，更難以承擔責任，更倚賴他人，也更容易抨擊他人，而更得不到愛，將自己再次推入那不被愛的情感匱乏狀態中。當一個人在關係中感到痛苦，痛苦的劇烈程度往往會遮蓋一個人看見愛、看見可能性的能力，世界在一片灰暗中，進入一種只想咎責，只想被拯救，或等待他人來贖罪與道歉的境地，在生命裡更失去掌控。

接下來，就以故事來讓你更理解受害者的心理狀態。

你不是上帝派來的天使嗎？

安妮自小生長在重男輕女的家庭，不難想像她很容易就符合受害者的好幾個特徵，被愛得不夠的情感匱乏與心靈孤兒的狀態，好長一段時間困擾著安妮，他明明在家中是成績好、乖巧有聽話的女兒，但每次父親出差回來的禮物，總是少了她的份。

有幾年的暑假，她需要暫住在親戚家幾天，因為父母帶著弟弟出國遊玩，原因只在於他們總認為，帶男生比較方便，說穿了父母就喜歡投資時間與金錢在兒子身上。

安妮總是告訴自己，等長大了，找一個對我好的男友，這些事就會解決。

當你在原生家庭感到失落，而終於找到愛人在一起，可以脫離原生家庭，原本幻想他可以照顧你、呵護你，滿足你所有在家庭中缺乏的情感需求，但發現他無法，他有他的生活、事業，無法提供給你百分之百的關注，你就會有深層的失落與痛苦，也會有受騙的感覺，覺得全世界的人都跟你家人一個樣。

這是安妮在與男友凱利交往後，照理說應該是天使的男人，卻讓安妮隱約感覺到痛苦。凱利在交往中也沒有輕鬆過，他經常覺得安妮有應接不暇的要求，也經常被安妮批評指責自己沒心。

安妮將原生家庭的需求，投注到凱利身上，因此需要大量黏膩的時間，但安妮卻缺乏覺察的看見這份需求並非常人可以供給，但不被陪伴的孤單與痛苦感，已經讓安妮忍不住怪罪凱利，甚至將他批鬥的一無是處。

他們曾經相處很愉快，只是相處品質每況愈下，凱利劈腿了。安妮陷入更強烈的痛苦中，在拉拉扯扯又分分合合了一年，最終他們分開了，而凱利很快擁有看似快樂的情感生活，安妮則是一團混亂，在社群媒體的追蹤裡，嫉妒、怨恨排山倒海，又再加諸一條痛苦感。

因此在安妮深化為一個標準的受害者，她一共有三層次的痛苦：

1. 情人與自己預想不同，無法彌補童年孤單的痛苦感。
2. 情人無法對自己忠誠，無法管好自己行為的痛苦感。

3. 情人已從前段感情抽身，自己卻仍在泥淖的痛苦感。

然而，這三層次的痛苦，究竟怎麼發生？又是誰的責任？若沒有提到安妮的背景之下，我相信安妮的故事會讓很多在感情中曾經被背叛的人有很大的共鳴，認為女孩是受害者，如果沒遇上渣男也不會受傷害，一個受害者對這事件，又會有哪些思維？

1. 你當初會什麼要來招惹我，擾亂我的生活？
2. 你為什麼愛著我又愛別人，你怎麼可以腳踏兩條船！
3. 我怎麼這麼可憐，偏偏愛上這種人！

其實，真正讓人痛苦的，往往是對自己的思維、對他人的思維，那層負面看法才是真正製造難以穿越、過去的痛苦情緒。安妮就陷入強烈怪罪的思維中，覺得自己人生似乎無止境的悲苦、遇人不淑，但讓安妮不斷悲苦的，其實是她的選擇，也就是選擇耽溺在痛苦中，繼續無助又偏執的等待救援。

你可能會疑惑，陷入受害者狀態者，不是對自己心疼，可憐自己的遭遇嗎？在我看來則完全不是這麼一回事。

自我憐憫（self-pity）與自我疼惜（self-compassion）是完全不同的概念，前者是自憐、自怨自艾，會為自己帶來更多毒性情緒，弱化自我與能力，創造惡性循環；後者是自我疼惜，能理解自己身的苦痛與限制，進而有能力看懂他人，能打造和諧與滋養的自我與他人的關係，創造良性循環。

當一個成熟且懂得自我疼惜的人，的確會心疼自己的遭遇，但最重要的，是他為了自己「後續人生」採取的行動，而非長期停留在原地。他會做出讓自己傷害性縮小，甚至保護自己到零傷害的情形，包括保護自己的情緒，更保護自己的身心平穩度，更重要的，是他會承擔起自己要負得責任，包括：

1. **承認自己的情緒**：有些情緒並不是他人的責任，包括原生家庭的失落，包括不合理期待下的失望，沒有承認的情緒，會成為關係中的隱性需求，壓迫著他人。

2. **承接自己的傷痛**：不論是童年的傷，或是關係結束的痛，都要能自我安撫，你已不再是那個嗷嗷待哺的娃兒，你要為人生中經歷的傷口負起修復的責任。

3. **承受自己的選擇**：不論關係後來怎麼走，都源自於你一開始的選擇，以及後續相處中「一連串的選擇」，關係是共同選擇共同經歷的結果，因此要學會承受這一切的因果。

說到這裡，我想將關係中受害者表達的最淋漓盡致又發人深省的，莫過於轟動一時的韓劇的《夫妻的世界》了。

反思受害者的「特權」

看了十六集，很期待結局的我，看著最後池善雨的獨白反思我感動得哭了，是多麼痛的悔悟，是多麼深的覺醒，在這麼大徹大悟的心靈狀態中，一定要感情來佐證她成為一個更好的人嗎？

就算再怎麼努力，感覺都無法說出原諒二字，因為知道了，原諒一個人和給一個人定罪一樣，都是傲慢的事情。我只是，在承受著我的那份時間，並守著自己的位置，等待著總有一天會回來的兒子，懷著份確信的希望而活。

忍受著這份不安，放下所有的事情都由我來做出規定、審判、負責的傲慢，應該是我能做到最好的吧？

將人生大部分都一起共享的夫妻之間，將一個人剜去，就等於把我自己也交出去，那份痛苦會原封不動的連接著兩個人。

夫妻之間的事到頭來，是不是沒有單方面的加害者，也沒有完全無暇的被害者呢？痛苦地反思著我們所犯下的錯誤，還有不被那份痛苦牽絆的忍受著過每一天，說不定，會如同得到救援般的找來，我能夠原諒我自己的瞬間。

關於這段劇終時的獨白，我反覆看了好幾遍，這當中長出的心理能力與領悟，卻值得你我學習。

對於什麼都要完美的池善雨，厭惡生活中有任何差池，更不允許「犯規」，而這點也在兒子身上展露無遺，兒子曾對著爸爸怒吼：「犯規的都是你！」也是一種認為母親的痛苦都是父親的錯。當池善雨可以放下規矩，放下應該，就不再需要去定罪他人，只要能好好撫慰自己傷痛的心，進而脫離「受害者」的角色。

太多時候，因為關係的出軌與不如預期，因為心太過疼痛，就容易全盤認為是對方的罪過，卻沒有重新反思，自己在關係中的姿態，池善雨很需要掌控一切，李泰奧喜歡被照顧，而當情況稍微失衡，池變得更周全的扛起一切，李卻變得迷惘又渴望自由。

當一個人深陷「受害者」時，會批鬥、拒絕又趕盡殺絕，這時受害者會轉變為「迫害者」，失控的毀損對方的一切，但在當上迫害者後，看得對方失魂落魄，又一心尋死時，又搖身一變成為「拯救者」，這也是讓孩子錯亂、痛苦又不可置信的地方。這兩個關係中的男女，都在這三個角色中輪流轉換著，相互折磨著。

最後，這段加害者與受害者的描述，也說明池善雨開始理解，關係不是一個人全面的錯，「關係是共構的」。原本她想保障自己，保全孩子，只想為受委屈又屈辱的自己扳回一點生存的機會，卻沒想過她做得所有行為，最終痛苦還是在兩人之間，噢，其實是三人之間，因為孩子都看見母親的心是如何痛苦與動盪。

這也是一段簡潔有力的懺悔，有時候，當你願意看見你在關係中如何影響他人，你也有機會停下受害者、迫害者與拯救者的循環，不再去要求誰來為你的「傷痛」負責，而是學會不會傷痛影響你的人生，學會「原諒」自己曾經的選擇，選擇背叛自己的伴侶，選擇報復伴侶，選擇保全孩子卻失去孩子，而她所選擇的一切，痛苦是代價，她願意承受代價的過程。

所以這是一段高度自覺的反思，也是一個女人深刻的覺醒，不再是受困的被害者，而是真實地看懂自己、看懂關係，真實地放手，真實地柔軟。這樣的結局，是一個人對生命的醒悟，不需要感情來佐證，接下來每一個她所決定的未來，都充滿各種可能與希望，真正的心靈富足了。

不夠覺醒的自己，進入另一段情感，又何嘗不是一場新折磨？

面對受害者心態的終極做法

最終極的做法，就是能發展出對自己和解與對他人和解的能力。對自己和解在於，願意理解當時的自己，願意原諒當時的選擇。

自我理解

並不是他招惹你，而是你回應他渴望與你連結的需求。你是否願意看見當時的自己心中渴望被愛、被關注、被聽懂的那份細微的盼望，而當時有人接著這份盼望。你們相遇在，彼此都接應到彼此需求的時刻。

自我省思

在這段關係中，我是否具備親密他人的能力？我所渴求的愛、關注與聽懂，是否也是他渴望的？我是否也有能力提供給他？

自我疼惜

正視傷口，安撫情緒，疼惜自己的經歷，帶自己優雅轉身，保守心中的純淨與自在。

也許你會想問，怎麼都是自己的事，那他人的傷害就這樣算了嗎？

很老掉牙那句話，「冤冤相報何時了」，就是受害者轉成加害者，加害者成為受害者，受害者在成為加害者，不停輪迴的過程，彼此在傷害他人時，都有強烈的理由，合理認為我現在傷害他人是成立的，最終在嚴重消耗心神的過程中，你更難遇見會好好對待你的人，而生命不斷受挫。

受害者辛苦的地方在於，不認為自己有任何選擇，是處於弱勢、無力的狀態，也因此在責怪他人時，也在氣憤自己被迫承受，也在厭惡自己身上有這段經歷，也因此受害者的恨意往往是雙向的，指向對方，也指向自己。

因此，**自我理解、自我省思與自我疼惜，是跳脫出加害與受害循環最快速有效的方式**。

當你有能力跳脫出來，也代表你有能力修復自己，當你可以修復自己，你也就能帶著理解與愛的眼光來看待他人，進而長出對他人和解的能力。

對他人和解在於，願意理解與接受對方的選擇，而他也有他要承受的後果。

很可惜對方選擇用劈腿來對待關係，可能是他心中對愛的匱乏與強烈需求，也可能是關係裡無法滿足他的渴望，但他在選擇的過程就需要承受代價，這份代價是失去你對他的尊重和愛，如果這份代價對他而言，還是份懲罰，如果不是懲罰，那也只能說關係走味了。

親愛的，你我都值得幸福的人生，你是否也真心這麼認為呢？

07 公主病：我是你唯一，只想好好被寵愛

公主病或王子病會有以下症狀：

1. 總覺得另一半要應你的要求做事，若做不到就是不愛你。
2. 心情不好就找對方出氣，讓為對方有義務緩和你的心情。
3. 爭執時一定要贏，總要對方服軟或求饒。
4. 習慣發號施令，主導性強，卻對於被要求格外敏感。
5. 喜歡被捧在手心、被服侍、被照顧。
6. 容易一開始像國王或女王般強勢，要不到就轉為無助的男孩或女孩哭鬧。

簡而言之，通常是聲量大、脾氣大、氣焰大，總需要處在比對方高的關係位階，透過確保自己的地位，來確保自己被愛著，或不會在關係中吃虧，但往往在爭鬥或命令的過程，輸

了關係中真實的親密感，而讓伴侶逐漸封閉自我，或在關係中撤退。

要老公像爸爸一樣溫柔：瞬間剝離的寵愛環境

費怡有個對自己非常疼愛的老公，照顧與呵護都不遑多讓，老公蓋倫追求好長一段時間，才讓費怡點頭，自然是寵愛有加。

結婚三年後，婚姻開始有些改變，老公在職場上開始出現困境，對於陞遷未果很是懊惱，期盼的加薪也沒有發生，一直拿著六萬多元的薪水，蓋倫覺得很沮喪，而這時候費怡覺得工作開始倦怠，便辭職去念商管碩士班，希望能全心全意的當研究生，彌補當時無法當研究生的夢想。

蓋倫對此很不開心，覺得如此重大的生涯規劃，夫妻倆並沒有慎重討論，也沒有做好經濟規劃，而蓋倫雖然經濟覺得有負擔，卻也希望彼此能有小孩，感覺這才是完整的家，但這三年下來，似乎一切都以費怡為主，蓋倫心中越來越不平衡。

每當蓋倫跟費怡討論相處不對等的問題時，費怡最愛慣用的一招就是哭泣，覺得自己委屈，難道完成碩士夢想，也不過兩年的時間，而過去自己也工作了六、七年，少說也有一點存款，也不至於坐吃山空，為什麼蓋倫要如此大驚小怪，為什麼自己最親近的伴侶，就不能好好支持自己，之前說得「寵我一輩子」的誓言根本就是騙人！

接著費怡就會把高中時期突然過世的父親搬出來，指責蓋倫說到：

「如果我爸還在，他絕對不會允許我嫁給像你這樣沒擔當的男人，根本不懂得老婆永遠是對的，我爸永遠都會是支持我的，根本不像你！」

蓋倫這時百口莫辯，而費怡則是很理所當然的說自己碩士研究太忙碌，原本的家事也不願意分擔，蓋倫覺得自己承擔經濟的重責大任之外，每天還要料理早晚餐，還要做很多家務事，終於有一天晚上，蓋倫不回家了。

蓋倫在親密關係中的第一次叛逆，用了極為殘忍的報復性外遇，而蓋倫在忍無可忍之下，直接與前同事上床，並且明明白白告訴費怡，他就是與別人上床。

費怡在震驚之下，瘋狂摔東西，而蓋倫則是冷冷地看著費怡，少了過往的溫柔，如今的蓋倫像是完全陌生人，更令費怡震驚的，是自己遭到背叛後，蓋倫還要求費怡對他道歉，這些日子的任性，蓋倫不止沒有為自己報復行為道歉，看到費怡與自己僵持不下後的一個月，蓋倫在次選擇與女網友發生關係，用極端手段逼迫費怡。

蓋倫已經不怕與費怡撕破臉，也不在意是否要訴請離婚，對他而言所有的溝通方式都用盡，似乎只有互相傷害能夠改變關係。

親愛的，這時候如果你是費怡的家人，你會怎麼做？要她公主性格改一改，聽一聽老公聲音，去修補關係？安慰他這種外遇兩次的男人不值得，以費怡的條件根本不擔心找下一段？

坦白說，我也覺得兩邊都很難，兩邊似乎都有自己的政治正確，卻同時都在用不成熟的方式面對情感的困境，兩邊互相傷害卻沒有勇氣真正離開彼此折磨的關係。

面對如此傷害深刻的關係，若兩人想要繼續走下去，彼此的道歉將會是修復關係的必然前提。

在先生的部分可以這麼做：

「我很抱歉我用外遇來傷害你，逼迫你跟我有對等的溝通管道，這麼做一定讓你很受傷，我很抱歉。我知道你希望我像妳父親一樣處處疼妳寵妳，很遺憾我努力做了，還是無法滿足你的要求，我是你的先生，我並不是你父親，我沒辦法同時兼具父親的照顧與寵愛，同時扮演先生的支持與親密，有時候我也希望你可以有太太的角色，可以支持與陪伴，而不是一直當關係裡的小女孩。」

在太太的部分可以這麼做：

「我很抱歉我一直以來都無法體諒你的心情，只是用我的方式要求你，總認為你愛我就應該滿足我一切要求，我才理解到那是很小孩子氣的做法，而讓你在婚姻裡很辛苦，我真得很抱歉。我知道因為對爸爸的失落感，而將想要被寵愛的需求往你身上傾倒，對你並不公平，讓你想向外尋求被肯定、被讚美的心情我現在也比較理解，但我也需要你的保證是，當我們關係又不自覺失衡時，你不會用外遇的方式來報復，而是清楚明白地告訴我。」

一開始費怡與蓋倫對於要攤開來說也十分抗拒，畢竟如果溝通有用也不會落到今天這田地，但當彼此更懂得內在的限制與深層的渴望後，在彼此在保證的眼神下，他們說出內心真正感受，因而在關係中的疼痛，在被看見與承接下，減緩了許多。

透過費怡的故事，可以看見公主病的形成，有一個很重要的因素在於「經歷早期依附創傷」，也就是曾經有一個對費怡百般呵護的照顧者，往往是家中相對有權勢地位的人，因此在當時給費怡極高的安全感與權力感，也通常讓費怡在家族裡可以為所欲為，或者比其他手足地位都來得高，而這位照顧者可能因為某些因素離開這孩子的生命時，就如同瞬間剝離這份安全感與權力感，當難以忍受失落的事實，自我的一部分似乎停留在被寵愛的情境裡，拒絕長大，希望再次有人給予。

當然許多孩子經歷依附創傷時，會選擇自立自強，既然無法依賴就好好長大，但進入關係後，那個被鎖在心靈深處的孩子，就會展現出排山倒海的情緒與需求，要求另一半完全應允，即使他曾經多麼獨立幹練，情緒都容易因為另一半的拒絕而潰堤。

所以，你所在心靈深處的孩子，一定要透過伴侶的拯救嗎？還是，你也不小心中了白雪公主、睡美人、灰姑娘的「等待被救援」的遺毒呢？

渴望被豢養、被拯救的自己：過度認同的童話角色

還記得當年準備輔導諮商研究所時，補習班老師跟我們提到：「童話角色越是讓你認同的，那角色的心思或性格會跟你很一致。」接著，老師補了一句：「我絕對不會告訴你們我最喜歡的童話故事是什麼，如果你們知道了，我所有的祕密就不保了。」

對這句話我印象深刻，因為我心裡也有很喜歡的童話角色，就有一種，如果我說出來了，全世界都知道我的祕密一樣，那種感覺頗恐怖的，但是真得仔細一想，你會發現你對故事角色裡的認同，經常會在有意識無意識的情況裡影響你。

還記得好幾年前陷入一段很不開心的關係裡，我有很深的不滿足與空虛感，但一直也說不上來究竟怎麼了，很想要離開卻沒有勇氣離開，我充滿抱怨跟負面情緒，但當有一次我打開電視看著我小時最愛看的卡通《崔弟》（*Tweety Bird*），我頓時感受到自己就像隻被豢養在華麗籠裡金絲雀，而籠子的門並沒有關上。

我看到自己就是那隻跨在門檻上要飛不飛的鳥，感覺自己的身型越形笨重，因為在籠子

裡被照顧呵護得很好，過著與世無爭又安逸，卻感覺生活枯燥無味，同時害怕外面各種挑戰，又希望待在籠子裡被保護，不斷在心裡衝突著。

在這個隱喻的狀態裡，我印象中也維持了半年，事隔多年後，我再回憶起當時的自己，更看懂當時內心的恐懼和無助，而更多的是對自己的不信任。

後來，我還是飛出籠子了，帶著極高的恐懼與不安，因為當我看向未來，我更深刻地體會我不願意當個被豢養的金絲雀，即使表面上擁有自由度，似乎是自己畫地自限的想待在舒適圈，但更多的是在關係裡為了想要獲得照顧而討好他人，在愛裡我失去自主能力，強化依賴與無助，也是我讓愛變得越來越索然無味。

原來，在我的童話原型裡，一直有著仙度瑞拉的影子，等著有人帶我去到充滿綺麗幻想的世界，將我帶離無聊至極的生活，所以我對生命被動等待，等待著有人加入後豐富我的生命；同時也在愛裡被動等待，等著伴侶帶我去更有趣的世界。

「一個女人的成長，常常是從背棄童話開始的；

一個女人的成功，則是創造了屬於她自己的童話。」

原來我忘了，我才是一直握有主宰生活的權力和自由的人。我一直都可以也有能力帶自己奔向綺麗的世界。

當我真正從童話故事的制約中甦醒過來，不再是等待的「公主」，或更真切地說是無助的「孤兒」角色時，我也一路從奮戰人生的「戰士」逐漸走到了可以開創與喜愛創造的「魔術師」，不斷整合自己。

這一路的探索和覺醒並不容易，但一步步達成的滋味卻很令人振奮和滿意。

——張曼娟

就如同雞蛋從外打破是食物，從內打破是生命，我打破的，是我原本定義的一個女孩、女人長期被公主系列童話故事餵養的形象，打破的是故事腳本所帶來的思維限制與框架，打破的是沒有人「應該」豢養與拯救我，我才是最該為自己生命負起責任的人。

就如同費怡若要擺脫公主病，成為關係中成熟獨立的大人，要能願意承認心中的失落，承擔起自己的渴望與需求，用成人的方式去與另一半互動，而不是總像個小女孩頤指氣使、一哭二鬧，逼迫另一半只能當關係中的照顧者。

可惜的是，許多童話故事裡，往往是女性落難，男性拯救，而不見男性遇難，女性驍勇善戰的角色平衡，去成就一個女性擁有力量，也有強大的胸懷與臂膀去支持男性的狀態。

所以親愛的，如果你的愛情用童話故事來描述，你會怎麼去說這個故事？你的愛情裡有哪些角色，他們分別所代表的意涵或象徵的意義？你又是故事裡的哪個角色？

靜下來為自己想一想，**也許透過童話故事，窺探了你愛情的全貌，也揭露了你隱藏至深的黑暗面，在看見後也許你就不用等待他人拯救你的黑暗，而是自己有能力，擁抱心中的黑暗了。**

你都跟白雪公主、睡美人或灰姑娘一樣在等待嗎？等待有人來帶你離開原本的世界嗎？然後你就擁有幸福快樂的人生嗎？希望你們可以在童話中自我探索，化解開你生命重複不斷的模式，也理解自身的角色與依附失落後，能從內打破角色框架，為自己成長。

08 絕緣症：不知不覺斬斷自己的桃花

說到一個人與愛絕緣，很多人想到的可能是塊木頭一樣木訥，不懂他人的心思，或者像銅牆鐵壁一樣，無法與人親近，因此關係無法深入交流的情況，可能總是碰觸一下後，繼而兩人又繼續成為平行線。

在這裡跟你分享法蘭克與班傑明的故事。

不談自己的事：出口閉口都是別人

當你看不見自己身上的獨特性，當你不對你的人生感到好奇時，往往你不會看見你內在的豐盛。

法蘭克就是這樣的人，他是個溫和有禮的紳士，每次準備與女孩約會時，都穿著整齊也小有品味，也梳著有型的頭髮，還有點反差的騎著野狼機車，也懂得在上車前位女孩戴上安全帽，但每次女孩與他的約會往往不會超過兩次，他總是不解為什麼聊天氛圍頗為愉悅的氣氛，對方後續變意興闌珊。

我要法蘭克把我當成約會對象，把約會聊天內容聊一次給我聽。法蘭克很是開心，充滿熱情又開心的說著一段段故事，語調仍不忘又溫柔，表情也充滿微笑。聽了十分鐘之後，我忍不住看一下錶，我覺得我快打哈欠了，我要法蘭克停下來。

法蘭克很需要我回饋他，眼神迷惘又期待。

法蘭克那十分鐘，講得全是自己那有著雄偉事蹟的爺爺，他講述著爺爺是個充滿傳教熱誠的基督徒，每年夏天都會舉辦上百人的青年夏令營，帶領青年學子進行情緒教育、生命教育等，他很以自己的爺爺為榮，也覺得在爺爺身上學到非常多生命的哲理與做人的道理。

我看出他眼神裡充滿崇拜，但又好奇他的內在發生什麼事？爺爺精采的人生，是否也豐富他的內在，讓他對自己的人生充滿希望與積極的動力呢？還是爺爺的輝煌事蹟與他現階段的人生相較之下，自已因此黯淡無光呢？

我問法蘭克：「如果我是那跟你約會的女孩，我一定覺得我在跟你爺爺約會，哎，不好意思，那個畫面想起來很奇怪。」

法蘭克說：「我爺爺真的是我人生中很重要的人呀！」

我說：「沒有人會否定這一切，但是，法蘭克，你究竟有多大的篇幅在談論你的爺爺呢？如果我沒有阻止你繼續說下去，你會講爺爺講多久呢？」

法蘭克說：「恩，我到沒注意到這點，可能會一直說下去吧！」

我說：「那好吧，法蘭克，再試一次看看，你可以多說關於你的故事嗎？」

法蘭克說：「喔好吧！我來說我的旅遊經驗好了。」

接著，法蘭克說起他跟一群朋友去越南合資買了一艘小船，四個大男孩就在小船上遊了半個越南的海岸線，之後又把小船轉手賣掉等。

我聽得津津有味，但也注意到法蘭克沒有剛才那充滿熱情的說話眼神，我問法蘭克，說自己的故事與說爺爺的故事，差別在哪裡？

法蘭克說：「我總覺得爺爺的故事比較精采，我不確定你聽了我旅遊的故事會有什麼反應。」

我說：「法蘭克，你喜歡自己的旅遊經歷嗎？你覺得這是有趣的事情嗎？」

法蘭克說：「算喜歡吧，可是……」法蘭克眼神黯淡下來，似乎已經再說很多事了。

「女生會對我的故事感興趣嗎？他們不會覺得我們男生在玩得遊戲很無聊？」

我翻了法蘭克一記白眼：「嘿，**你知道為什麼人會喜歡上另一個人嗎？最重要的，是你的『自我揭露』，而當對方在對話中覺得越認識你，或者是認識她自己想像中的你都可以，當她覺得你感覺越熟悉，越容易喜歡上你，越希望跟你的生活有更多連結。**」

在邁爾斯－布里格斯性格分類指標（Myers-Briggs Type Indicator，ＭＢＴＩ）性格類型中，內向型者（introvert）通常比較內斂與內省，特別不習慣分享自己的事情，也比較習慣分享他人的，或者與自己無關的中性事件，像是天氣、時事等，也因此在情感相處上有時候會表較吃虧一些，若一直沒注意，就會一直與愛情擦身而過。

法蘭克一直有個讓自己仰望的爺爺，卻一直活在爺爺的遮蔭下，儼然忘了自己已經長成一顆獨樹一格的樹，去到哪總用爺爺的光芒與人交友，只是相形自己的渺小與無趣，自然容易與愛絕緣了。

拒絕他人靠近：總是樣樣靠自己來

班傑明是個年輕有為的大學教授，也酷愛健身，把自己練出六塊肌，也對自己的學術成就頗為滿意，更對自己鑽研的領域有極大的熱情，不難想像在許多異性眼裡，班傑明可以是黃金單身漢。

奇怪的是，班傑明的戀情總撐不過三個月，當然也有好幾次是班傑明自己提分手，理由不外乎是覺得對方太煩、對方太笨，一些讓女性聽了會覺得他太自我中心與自視甚高的說詞。而會讓班傑明困擾的，是當他有一天終於遇上女版班傑明——珍妮，一個也熱愛健身身材火辣的女性，一樣待在研究機構工作，班傑明特愛這種強烈反差的女性，畢竟以他的說法，在枯燥的研究生活中，有一個跟自己如此相似的人，怎麼可以不好好把握。

雖然我聽起來，覺得班傑明真得太愛自己，以至於愛上一個跟自己很像的人，其實是自戀到了極致的表現。

但即使是自戀的性格，一樣可以透過行為的調整，拉近一段關係的距離，因此我就好奇班傑明有沒有印象自己是從什麼時候開始，覺得跟前任對象關係急轉直下。

通常自戀的人，不太會看見自己做了什麼，只會看見自己的需求不被滿足。但因為兩人個性頗像，因此對話開心與不開心也顯得清楚，因為珍妮不爽的時候，也沒有特別掩飾。

班傑明回想起上次有些激烈的對話，他說：「那天我正在準備寫我要投稿的期刊，我像往常一樣跟珍妮道早安聊聊今天要怎麼過，珍妮說了要去健身房，我就說我準備要寫研究報告，只是遇到一些瓶頸，還在努力整理出一些頭緒，可能需要多找一些文獻。」

「珍妮聽了之後，就開始說起她寫論文的方式，說得好像我不懂得怎麼寫研究報告一樣，我也沒有特別多說什麼。」

我說：「然後呢？」

班傑明說：「我就跟珍妮說他們的研究方法跟撰寫方式在我這裡不適用，就叫他趕快去健身房，祝福她有美好的一天。」

我愣了一下，但仔細想想，班傑明好像也沒有說錯什麼，我說：「珍妮有回應什麼嗎？」

班傑明說：「喔，這我就覺得奇怪，珍妮說：『看來我幫不上什麼忙，那你加油！』就這樣，接著一整天我忙我的，她也沒特別找我說話，當我隔天像往常一樣找她聊天，就覺得聊不起來了。」

我問班傑明：「你當時怎麼看珍妮給的回應？」

班傑明說：「我覺得她根本沒必要跟我說這些，我研究做這麼多年，甚至經驗比她豐富……」

我說：「原來如此，你會不會常覺得約會對象都不太聰明，不然就是太容易有小聰明呢？」

班傑明：「我常有這種感覺呀！才會覺得珍妮已經算是很特別的人選了！」

我說：「哇，你的自戀已經讓你看不見他人的好與善意了，你有發現嗎？繼續這樣下去，你會找不到你想要的優秀對象，會跟你再一起的通常就是喜歡你的經濟條件且往往不自信的人，才能忍受你這樣看待他們，或者同意你這樣看待他們，但有自己才幹的人，基本上不會忍受這些，這是你要的關係嗎？」

我繼續說：「其實你並不信任別人，你只信任自己，只有你自己可以解決你的問題，那麼其實你不怎麼需要關係，你不相信任何人可以真正分擔你的困擾，你需要的人，有時只是在幫你填牙縫的，因此你需要的關係就是以你為主，這讓你關係容易不穩定，因為對方並沒有真正感覺到被尊重與被需要，也沒有辦法真正接觸你的內在，你只讓人看見光鮮亮麗的外表，拒絕讓人碰觸你的感受，甚至與你商討你的困擾，這樣的關係往往是淺薄又空洞的。」

班傑明像是有聽，又像是沒聽的模樣看著我，我想也是。被他這麼看著讓我心中升起某種莫名的無助感，他應該一邊還是試圖惦惦我的斤兩，評估著我的話可不可信，就如同他不停在衡量約會對象的斤兩重一樣。而我相信，這就是許多與他約會的人容易出現感覺。

說完法蘭克與班傑明的故事，你會發現當一個人覺得自己太無趣，或一個人覺得自己太精采，在情感互動上過猶不及都很難讓關係穩定下來。

在情感互動中，要保持愛的流動，最重要是能對彼此好奇，並且覺得彼此有趣，對話自然綿延，而你們將因彼此的更深的認識，產生更深刻的情感連結。

吸引力雪崩的對話

有時候，學員會問我，他們一開始跟約會對象聊天都還不錯，但後來對方回應越來越少，甚至已讀不回，最後不讀不回，他們常常不知道自己究竟做了什麼，換來如此對待。

首先，我們先來探討一件事，也就是對方不太聊天或不太回應的情形是一開始就如此，還是越來越疏遠？對方一開始是否積極投入又有熱情與溫度的回應，但後來卻越來越冷淡，甚至沒有文字只剩下貼圖？

如果對方一開始就不太熱絡，很有可能他並沒有打算要進入關係，也很可能對方就是懶得用訊息聊天，但這些往往都能從與對方見面時感受出來，若對方懶得訊息聊天而喜歡見面聊天，往往約見面不會有太多阻饒，但如果訊息少，約見面又困難，那更是一個不想進入關係的打算，他的注意力也許也不在你身上，就無須多花時間。

再來，我觀察到，許多對話讓彼此吸引力瞬間雪崩：

自貶

在對話中不斷嘲諷自己，或者將對方某些行為解讀為因為自己不好，這樣的對話出現會讓對方不知道如何回應，大部分善良的人會跟你說不是這樣、你很好，但心裡已經出現「這個人也許沒有我想得這麼好」這種複雜的感覺，甚至會有一種，你都看不起自己，我要怎麼看得起你的感受。

例如：

「哎呀，我就是太笨了，所以都無法理解你說的東西！」

「大概是我太無趣了，讓你想要早點走。」

所以你可以修改語言是：

「我聽不太懂，你可以多說一點嗎？」（直接承認自己不懂，並不會自貶，反而是一種知之為知之，不知為不知的氣度，也讓對方感覺自己說得東西讓你感興趣）

「噢，怎麼突然要離開，發生什麼事嗎？」（一樣好奇對方的狀態，而他可能會對自己早走有點愧疚，而有下一次邀約）

句點

這不僅僅是造成互動冷場而已，還容易讓聊天的對方需要不斷想新話題，讓對方覺得與你聊天會筋疲力竭之外，還會覺得你一點都不好奇對方，只要對方來理解你，關係處於不平衡的相處與單向式問答，對方也會很快就失去興趣。

例如：

A：「你週末都在做些什麼？」

B：「就跟朋友出去玩吧！」

修改：

A：「你週末都在做些什麼？」

B：「就跟朋友出去玩吧！爬山或衝浪之類的戶外運動，你呢？」

對話的過程，最重要的是要促進彼此認識與了解，而不是對方來了解你而已。如何讓對話綿延連續，就要能接球並且願意接球，創造對話的連結感，畢竟當你回問越多，你們彼此找到更多的共通性，共鳴感就會越益加深，當彼此有一種很了解彼此的時候，安心感與吸引力也會提高。

先入為主

如果你常在對話中，看見對方某個行為就認定對方是什麼樣的人，那你就難以建造關係中的親密感，也就是真實了解彼此的能力，對方也可能因為被你貼上標籤而難以辯護或懶得辯護。

例如：

「你們男人就是這樣，說話不算話，答應的事情又做不到！」

「你忙成這樣就是不想見面啊！」

有時先入為主是一種「想像」，容易預設對方對自己沒興趣，也容易預設自己不夠好到對方會想要一直在身邊，而當你沒注意到這種預設和想像，就會讓自己在關係中失去吸引力，成為他人眼中不成熟的人，也就是自以為是又不懂得體諒他人的任性行為。

修改：「這跟你上次說得不一樣，發生什麼事了嗎？」

修改：「哇，你這樣太滿了！怎麼忙成這樣呢？」

當你剔除心中的預設立場，轉而「好好理解對方」，你才會真正關心對方身上正在遭遇的事情，而不是要對方來關注你照顧你，而當對方從你身上獲得理解與關心，就能強化你們關係中的正向連結，不會覺得每次回應你都是壓力，反而是一種成熟的支持。

從兩個故事與三種吸引力雪崩的對話，幫助你不斷覺察你在互動中的姿態，以及自我狀態，而不是專注在對方的行為與內容，你在覺察中調整，就有機會打造綿延不絕的愛了，就真正與絕緣體絕緣了。

09 易愛症：不愛則已，一愛就迷失自己

你覺得自己有易愛體質嗎？你容易在情感中失去自我，又常被朋友碎念見色忘友？見一個愛一個，有時候事過境遷，又不禁回想究竟愛對方什麼？也不懂究竟為何當時一頭熱？

被愛著有什麼不好：渴望被照顧

麗莎最近上班時有一點焦慮，因為前陣子有個叫安迪的男同事在工作上稍微關注她，並且在言談中有點戲謔地覺得麗莎很可愛，很想約麗莎喝咖啡。

麗莎覺得自己應該沒這麼喜歡安迪，因為安迪很愛抽菸講話又不正經，除此之外，麗莎也對他的長相頗多批評，覺得他的咬合不正的牙齒很難讓她想親吻，長得又不高，身形太瘦等，麗莎強調自己與安迪走在一起的外型太過不般配，也覺得安迪想要高攀自己。麗莎已經

陷入自己腦海設想的小劇場中。

我：「聽起來妳很不喜歡安迪，但忍不住花很多心力在想他了。」

麗莎很快得反駁我：「我哪有想他，他跟本不值得我想，我只是……」麗莎欲言又止。

我：「只是什麼？」

麗莎：「因為沒跟這種類型的人交往過，而且現在也沒有男朋友，就想說評估一下又何妨。」

我：「的確想一想也無妨，那妳說說看，妳欣賞他什麼？」

麗莎：「嗯……我覺得他應該會因為喜歡我對我很好吧！不然就是我說什麼他都會聽我的，這樣想起來感覺也還能接受。」

我：「哇，那妳喜不喜歡他其實並不重要，重要得是安迪要一直很喜歡妳，這樣他就會一直聽妳的話、照顧妳、寵愛妳！」

麗莎：「對啊，我不否認，我就喜歡被照顧，我也喜歡男人給我的甜言蜜語，當我心情不好的時候哄哄我、逗我開心。」

我：「所以只要有一個人愛著妳，不管這個人是不是安迪？」

麗莎：「我有發現自己是這樣沒錯，有時候跟前一任要分不分的時候覺得很痛苦，但是分手後有一下一個人出現，我就不懂自己在為之前那個人傷心難過什麼，我根本就不愛他，但當時就覺得自己離不開他，即使他有一大堆缺點。」

我：「嗯，不難想像你經常是無縫接軌，聽起來也好像很容易見一個愛一個。」

麗莎：「對啊，我其實很困擾，但又好像沒辦法，之前也有幾次是我劈腿，而且很容易就對前一任忘得一乾二淨。我好朋友也經常覺得我很奇怪，這一任跟下一任根本完全不同型，也常搞不清楚究竟我喜歡的類型是哪一種，最後她們也幫我做了一個『我誰都可以』的結論。」

麗莎苦笑著，但又似乎對自己的沒有極限有點得意。**易愛症的困擾往往在於在感情裡都撐不久，很容易感覺厭煩與厭惡，因為易愛症者從來沒有好好愛著對方，就如同他們無法好好愛著自己一樣。**

當對方感受不到愛的回應，在感情裡覺得自己像是血本無歸的冤大頭時，自然會在愛裡開始抽離，而當易愛症者感受不到對方眼裡對自己的熱情與愛戀時，就會一邊感覺恐慌，一邊有更強的控制，一邊又開啟尋覓下一任的雷達，深怕自己被拋棄，或者其實是深怕自己沒人愛，也是最容易陷入單身恐慌的一群人。

在麗莎的故事裡，我想起了一部電影《單身啪啪啪》（*How to Be Single*）。《單身啪啪啪》講述的是，愛麗絲（Alice）與羅賓（Robin）兩個單身女性一起跑趴玩樂的故事，也談了她們的愛情觀與對男性的看法，其中有一段對話我特別印象深刻。

羅賓對愛麗絲說：「妳每次遇到男人，就陷入他們的雞雞沙堆（dick sand）裡，每次有男人看著妳，妳就忘記自己是誰了，妳被吸入他們的世界（you get sucked into their world）。」意思是，他們因為眼光看著妳，妳從他們眼光中看見自己的魅力，妳就失去妳自己，妳就為愛開始神昏顛倒了，這是羅賓非常不屑的一件事。

愛麗絲對此話非常生氣，覺得羅賓是自己的好閨蜜，怎麼可以說出如此傷人的話，愛麗絲也反駁羅賓：「那妳呢，妳又有多好，妳在感情裡每次都在利用男人！」因為電影裡羅賓是個經常到酒吧去喝醉，不是自己去買醉，而是要男人為她的酒買單的女性。然而這又放蕩又任性的行為背後，羅賓還是可以講出自己的一番道理。

羅賓繼續講：「至少，當我決定要交男友時，我會找到真正喜歡我原本樣子的人，因為我他媽的清楚我自己是誰。」

愛麗絲總是需要當她穿洋裝時，有人幫她從背後拉起拉鍊或拉下拉鍊，其實這樣肩膀與上手臂的柔軟度，常練瑜伽就能辦到，但她總是希望身邊有一個人在，當她有些事情做不到時，有人可以幫忙她。當她沒有交往對象時，頹廢喪志又懶得打理自己，當她有約會時才「女為悅己者容」。

在羅賓眼裡，愛麗絲就是一個不愛自己、看不見自己的價值，只為了讓男人愛上自己的女人，所有一切的努力為得都是讓男人為自己神魂顛倒，卻從沒真正打從心底滿意過自己。

這也是麗莎的狀態，容易愛上別人的體質背後，是一顆不夠愛自己的心，是一份對自己的不夠信任與滿意，是一個需要被拯救、照顧、既孤單又脆弱，而容易將自己塑造得又可愛又可憐的模樣。

我問麗莎：「這麼需要交男朋友，妳似乎很怕自己一個人？要不要說說看，什麼原因讓你這麼不喜歡自己獨處了？」

像是一道靈魂拷問般，麗莎沉思片刻，接著就紅了眼眶，我知道那一刻她撞見心底深處，那位孤單的小女孩。

麗莎說：「我幼稚園的時候，媽媽就癌症過世了，我甚至不知道什麼是癌症，我只知道當我有記憶以來，每次回家媽媽身體就很不舒服的躺在沙發上，或在他房間裡的床上。我的媽媽沒有辦法照顧我，我的爸爸沒有時間照顧我，爸爸其實已經需要兼兩份工作，我印象很深刻的都是，每一次晚餐後爸爸要出門時，我都會一直哭著要爸爸不要出門，但爸爸總是那起鑰匙，很快地出門，根本不想跟我說話，我都可以想像他出門時表情裡的厭惡。」

麗莎接著說：「我很討厭爸爸，但我又覺得我怎麼可以討厭爸爸，想一想，其實我真正討厭的，是我自己的存在，有好幾次我都覺得媽媽就這樣走了解脫了真好，我也想跟媽媽一起走，不用孤零零地活著，我小學大部分的記憶根本就是一個人，我都覺得我爸根本不在乎我！一直到我國中，發現開始有人喜歡我時，我不知道為什麼，就變得越來越花枝招展，我國中就會化妝上學，有沒有很誇張！我自己用零用錢去買雜誌，學著怎麼化妝，反正我爸也沒時間管我！」

我想著麗莎一定有很多，為了避免自己再度陷入孤單小女孩的情境下，不斷衍生出來的生存機制，讓自己在人群中如何被看見、被喜歡，甚至學著如何勾引男性來幫助自己存活下來的伎倆，但這些伎倆卻是遠離真實自己，短暫消除孤寂，持續增加生命中痛苦的模式。

常有人問我，究竟如何喜歡自己，其實最快的方法，就是練習承認內心裡那個你極度渴望逃離的自己，承認之後，輕輕地感受與凝視自己，一直到你可以自在自如的呼吸為止。

我抓著不停講話的麗莎，帶著她在一次回到母親的病塌前，以及父親即將出門的時刻，我陪著麗莎一起陪伴在那個又孤單又無助的小女孩身旁，麗莎終於在躁動中感受到內在的平靜，因為她早已在多次被陪伴與被愛的經驗中，知道怎麼去陪伴與愛一個人，只是她從來沒有好好用在自己身上，以致於容易在感情的起伏中失去自我，懷疑自己的價值，遠離內心的感受，積極的投入情感，只為了能夠攀附在他人身上。

當易愛症者，可以好好的陪伴自己，就有能力去看清楚自己對他人的感受，而不會總是被匱乏與孤單感蒙蔽雙眼，著急地跳入他人的懷抱中，也唯有照顧好那曾經恐懼孤單自己，才有能力分辨，究竟是孤單發作，還是真正的心動，當愛好自己，再由自己出發去愛別人，也才有能力為自己為彼此創造幸福的關係。

愛情，是你生活中的主餐還是甜點

如果你有麗莎這樣的狀態，也許你可以思考，**面對關係能不能分辨自己的「需要」與「想要」**。

這兩種狀態的情感姿態截然不同，因為你「需要」就會急切渴望，也會在相處中有許多討好，希望讓對方開心，與對方的思維一致，而得到對方的愛與關注；也會發展出許多控制關係的策略，包括情緒勒索、限制對方的交友、要求對方跟自己想法一致。這些兩者合而為一的愛，是不成熟也容易讓人窒息，卻因為出發自「需要」，就會產生強烈的糾結感。

如果你「想要」，通常來自於你已經懂得你的需求，並且大部分的時候都能滿足自己的需要，也會在伴侶關係中清楚表達自己的需要，且理性評估需要是否合理，以及如何獲得滿足，而不會透過控制與討好的方式來滿足，因而能夠理解與尊重彼此的差異，是成熟與和諧的關係。

如果你看見自己一直「需要」愛情，也許你需要的是一種「陪伴」或「結合」感，而它不一定是愛情，而是這種緊密結合的「需要」，往往愛情比較容易提供，其他諸如朋友與同事的關係是很難達到這種密切的程度。

一個人「需要」愛情是生命的主餐，結合上一個麗莎故事的討論，你會發現是兩種心理狀態引發的：

深層的匱乏感

童年基本的被愛感不足，或感受不到照顧者的愛，或照顧者的缺席，而無法有穩定的愛和認可感，就會在關係裡出現非常「需要」滿足的狀態，因而會有一股在情感中的熱切與投入，以及討好與控制，來確定自己能滿足深層匱乏的感受。

深層的孤單感

如果小時候沒有足夠的陪伴，通常是缺乏友伴關係，像是兄弟姊妹，或典型的像是鑰匙兒童，或者回顧生命會經常感受到是自己一個人時，就會特別害怕那股孤單、靜默的感受。

這種孤單感如果沒有被引導，容易在成長後變得無法獨處，或者會有一種就是因為我不好，所以沒人陪我（尤其是小時候要求陪伴被拒絕的孩子，更容易有這種感受），因此在關係中特別容易陷入三角關係或無縫接軌的狀態（三角關係有可能是自己劈腿，避免自己被拋棄，也有可能成為第三者，因為不相信自己好到可以擁有完整的愛）。

也許你會看見，這種深層的匱乏感與孤單感，其實在尋找的關係，往往都渴望有取代兒時與照顧者關係的期待，也就是一種，希望斷開與父母或照顧者的臍帶，轉而將臍帶連結到其他人身上那股「需要」，因此在關係中經常出現不成熟的狀態，也像是退回到沒有被滿足的兒時一樣，在關係裡索取。

親愛的，最終你要學會的，就是好好陪伴自己，而陪伴的過程，你可以去理解自己與療癒過往，更擁抱那個匱乏又孤單的內在孩子，如此你的愛情就有機會跳脫「需要」，邁向「想要」了。

10 瑪麗亞病：無止境付出、包容對方

在關係中像個神聖的照顧者，像是溫暖供給的聖母、像是什麼事都要操勞的女傭，總是有求必應，不斷在關係中掏空自己，你是不是也有愛情中的瑪麗亞病呢？

瑪莉亞病有以下的行為表徵：

1. 在感情中無私的奉獻，像蠟燭一樣燃燒自己。
2. 就算心累、難過、不被愛，也默默付出。
3. 默默忍受關係中的不平等對待，即使對方慣性劈腿、精神與肢體的折磨。
4. 在照顧過程中感受到自己的存在價值。
5. 總是被脆弱、缺乏某些自主能力者吸引。
6. 即使身旁很多人為他感到不值，依舊死心塌地。
7. 往往客觀外在條件比伴侶厲害、能幹太多太多。

在關係裡，讓對方當永恆的孩子

其實，瑪麗亞病也是共生關係的一種形式，也就是兩個人的行為表現得好像只有一個人的狀態。

在加拿大裔美國精神科醫師艾瑞克・伯恩（Eric Berne）的溝通分析學派（Transactional Analysis，TA）裡很立體地用自我狀態（ego-states）呈現共生關係。伯恩認為每個人均有三種獨立之自我狀態，分別是父母（Parent）、成人（Adult）及兒童（Child），簡稱PAC，由此三種自我狀態組合成一個個體。*

1. 父母（Parent）：包括控制父母（或批評父母）（countrol/critical parent，簡稱CP），負責提供規範與社會價值觀；還有滋養父母（nurturing parent，簡稱NP），負責提供照顧與支持的自我狀態。

---

*《人際溝通分析練習法》（TA Today），艾恩・史都華（Ian Stewart）、凡恩・瓊斯（Vann Joines）著。

2. 成人（Adult）：能夠適時適地地根據擁有的資源，理性分析做出合宜決定的自我狀態。

3. 小孩（Child）：包括順從小孩（或適應小孩）（adapted child，簡稱 AC），會服從規範也會符合他人期待；還有自由小孩（free child，簡稱 FC）（或自然小孩 natural child，簡稱 NC），會自然想去做自己想做得事情，不受他人影響、不討他人歡心。

也就是說，一個健康人格，是可以在三種自我狀態中具有彈性，懂得社會規範、可以自我安撫、能夠理性分析、願意順應常規、知道自己喜歡什麼，也就是擁有自己的思考能力，並且可以決定自己的命運。

但當人在共生關係裡，意味兩人的 PAC 狀態剛好組合成只有一個人的情形，因此兩人會照一個人的意識生活在一起，又痛苦又離不開，在一起覺得窒息，分開覺得空虛。原因在於兩個人各自忽視 PAC 當中的自我狀態。

所以瑪麗亞病，代表他們在關係中的自我狀態往往只有父母 P 與成人 A 的狀態，他們提供照顧的另一半，只有 C 孩子般的自我狀態，在實務工作中常見的經典組合往往會被稱為：「阿信的太太」與「敗家的丈夫」。

這個經典又歷久不衰的婚姻組合，很多人無法理解又常為女人打抱不平，為什麼女人含辛茹苦地拉拔孩子、努力賺錢，還要跟一個會酗酒、打人的先生在一起，很多時候女人要獨力面對家庭中很多的問題，包括經濟、家事等（成人A），也要照顧先生的情緒（滋養父母P），而先生則是沒錢就伸手要錢，反正女人也打不跑，不在乎他人的感受，只要自己的感受被在乎（自由小孩C）。

當關係中做「孩子」的一方，不用負擔起照顧自己與思考解決問題的情況，也可能不願遵守任何規範，就容易有「永恆少年」的問題，在我二〇一九年的著作《不願放手的父母，過度涉入的你》一書中，有提到「彼得潘症候群」，他們常有以下六種行為：

1. 不負責任：任性、散漫又自我中心。
2. 無法承擔：害怕失敗、面對挑戰就逃走。
3. 難以獨處：依賴心重，總要人陪。

4. 玻璃心：挫折忍受度低，說了不中聽的話就情緒化。
5. 不穩定的關係：在情感上經常像是走在蛋殼上，在人際關係也常翻臉像翻書。
6. 不符年紀的行徑：像是沉迷於卡通、公仔，或者無法達到相對應年紀者該有的發展目標，像是穩定工作或穩定交友圈。

然而，就是因為彼得潘的特質，容易吸引溫暖照顧的溫蒂來到他身邊，照顧他、等待他、包容他，特質的互補性，卻是關係中極大的吸引力。

有著瑪麗亞病的溫蒂，是關係中做「大人」的一方，從小就需要照顧弟弟妹妹，從小就透過「照顧他人」來獲得身份的認可與價值來源時，往往無法正視自己「孩子般的需求」，或被「自己塵封的童年」，一心渴望照顧或控制他人的背後，有自己的隱藏需求－那個沒被用自己渴望的方式照顧和呵護小女孩。因此在照顧的過程，也在弱化另一個人，甚至不允許另一個人有像成人般的思維，這樣就能一直控制對方。

所以親愛的，你有強迫性照顧與服務他人的需求嗎？

當你為對方付出越多，可能已經奪走他可以長出解決問題能力的機會，而在他仰賴你的過程中，你即使心煩疲憊，但又熱中於精力充沛的為他人而活，假如你痛定思痛，那麼接下來，就是覺察自己與他人的開始。

如何幫助他人負起責任：覺察被激發的「母性」

那天上課與安德魯互動時，突然發現比平常花了更多力氣，講了更多話，自己不是傾聽的諮商師，反而成為身體一直往前傾，諄諄教誨的母親。

安德魯啟動我的母性，我進入母親般的角色，提供很多解決方法，也一直在照顧對方，甚至手指頭不自覺伸出來，開始比手畫腳告訴他應該要怎麼做才正確。互動過程並非「討論、思考與激盪」，而是「給予、指導與照顧」。因此我不禁思考，是什麼啟動我的母性？又是什麼讓他安穩坐在無助的孩子的位子上，等待著被幫助、也等待著問題被他人解決？

我看著安德魯坐在沙發上，原本彎腰駝背地坐著，當我「越來越激動時」，他整個身體更深的陷入沙發中，蜷曲在沙發上，用著有點無神又無助的雙眼看著我，我卻更著急的想要

「喚醒」他。

這些會喚醒他人母性的人，最常在話語中出現：

「啊……我不知道……」

「那怎麼辦，我不會」

「可是我沒辦法……」

「我想要有人幫我……」

嚴重一點，他們有時候變得只剩下眼睛與嘴巴，失去雙手拿取的能力，失去雙腳行動的能力，就像強褓中的嬰兒，覺得哇哇大哭就有人餵食，因此特別慣於使用嬰兒時期的生存能力，而無法運用成年後的邏輯思考能力與問題解決能力。

但你說安德魯一直都這樣嗎？倒也不是。

安德魯有工作能力，也善於規劃設計，但這所有的「失能」反應，往往在他有了依附對象後那一刻發生，童年沒有被滿足的許多需求，都在成年後有了所愛的人那一刻，快速地退化成嬰幼兒般的心智狀態，常被無能為力與強烈渴望照顧的狀態籠罩。

我覺察這情況後，穩穩地坐回位子，很快地跟安德魯討論我看見的情況後，安德魯則在討論中，似乎也意識到自己的狀態，眼睛突然亮了起來，原來自己並不總是無能為力，只是擔心害怕失去關係，而被不安籠罩。

安德魯的女友有點強勢，會在三餐上照顧安德魯，還會提醒他下班後不能坐著滑手機，要跑跑步機，還會在上班前，檢查安德魯的衣服搭配，雖然被照顧得妥貼，卻讓人喘不過氣。最慘的是，安德魯最難啟齒的，是他特別不愛吃青菜，但女友是個注重養生的人，總是要求安德魯吃完青菜才能下桌，一種現代父母都不一定會強制要求孩子的管教方式。

曾經有一度，我跟安德魯的工作陷入僵局，我問安德魯：「從剛才我們的對話到現在，你有覺得回答你的問題了嗎？知道怎麼跟女友談了嗎？」

安德魯說：「恩……好像……好像有，又好像沒有！」

跟我猜得差不多，我問：「那是什麼意思呢？」

安德魯說：「我覺得好像妳說得對，但我做不到。」

我說：「那該怎麼辦呢？是不是，你希望有人幫你做？」

安德魯心虛的笑了笑，好像被我說中心事一樣。

接著，我脫下母親的面具，換上頑童的面具，在一旁像孩子般開始鼓譟、歡樂地為安德魯加油，就像啦啦隊一樣，意思很清楚：我不幫你解決問題，你要自己動起來，你要開始思考。

有趣的是，當我跟著兩手一攤，進入頑童的姿態，安德魯卻為自己站起身去行動，也為自己跨越很大一步，他跟女友攤牌，不難想像女友覺得有點受傷，但也學會尊重安德魯的喜好，他們的關係就在被照顧與做自己之間，有了比較舒服的平衡。

我們身旁很容易出現像安德魯這樣的人，面對問題經常兩手一攤，告訴你他不會、他沒辦法、他很無助，或者雙眼無神地等待被幫助，甚至等著有人為他剷除前面道路的阻礙。

這樣的行為和情緒狀態，就容易啟動具有母性、照顧者或拯救他人習慣的人，全身激素被催發，開始手腳忙碌、腦袋快轉地進入解決問題模式，排除萬難，為了可以消除對方身上那股「無能為力」。

真正該正視的，是自己的「無能為力」

其實，「無能為力」通常是小孩的狀態，覺得自己脆弱、缺乏資源。跟「孩子」，容易被他們吸引，容易覺得心累，但又跳脫不了，因為當中有鞭子與糖果的矛盾糾結感，因此跟他們親近不單只是心累，而是這段關係滿足你心理需求，包含價值感、安全感與神聖感。

瑪莉亞病者，卻常常希望或誤以為自己無所不能。需要事必躬親的人，內心則住著被忽略的小孩，意味著小時候他們往往沒有得到太多幫助，是靠自己的力量解決許多事情，可以說是自己長大的孩子，因此當他經歷了那孤單和被忽略的成長歷程，看到有人受難需要幫助時，其實就是看到內心裡那個渴望被幫助卻沒有人幫助的自己，會衝鋒陷陣地幫忙解決困難，因此被勾動了情緒，也就無法看清界限。

常常拯救他人者，通常內心住著無用的小孩，意味著小時候經常處在無力和無助的狀態，看著周遭的人受苦或受害，自己卻幫不上忙，因此長大了就要求自己具備各種解決問題的能力，去幫助別人消除困難，獲得解救，同時能解救內心裡無用的小孩，得以有力量告訴自己，我不再是那個無用的狀態。

總接受他人頤指氣使的人，內心則住著自卑的小孩，意味著小時候有太多事讓你感到不光彩，而想要透過依附看似光彩的人，降低自卑感，卻在自戀者身旁感受到更多羞辱與汙辱，不斷重複不光彩的童年難以自拔，卻在聽從順服時獲得對方肯定而感覺心安。

所以這些心累的背後，其實要拯救的不是別人，就是內心孤苦伶仃的自己，被忽略又無助的內心小孩，而當我們希望不再受限於關係的痛苦糾結，我們要做的，是正視過往的自己，解救受難的自己，才不會總認為有責任解救受難的他人。

當你開始願意疼惜自己，就能清楚地意識到內心那「無能為力」的孩子，也就能不被他人的無助的狀態牽絆，開始認清他人有自己該負的責任了。

要破除共生關係來到自我健全的狀態，要能為自己長出孩子般的自由，同時長出成人自我照顧、自我引導，去投注關懷與愛，給童年的自我。當你為自己補足的自我狀態，你將不再被共生關係給吸引，你將能吸引同樣自我健全的人際關係！

Part 3

修復愛無能的五堂課

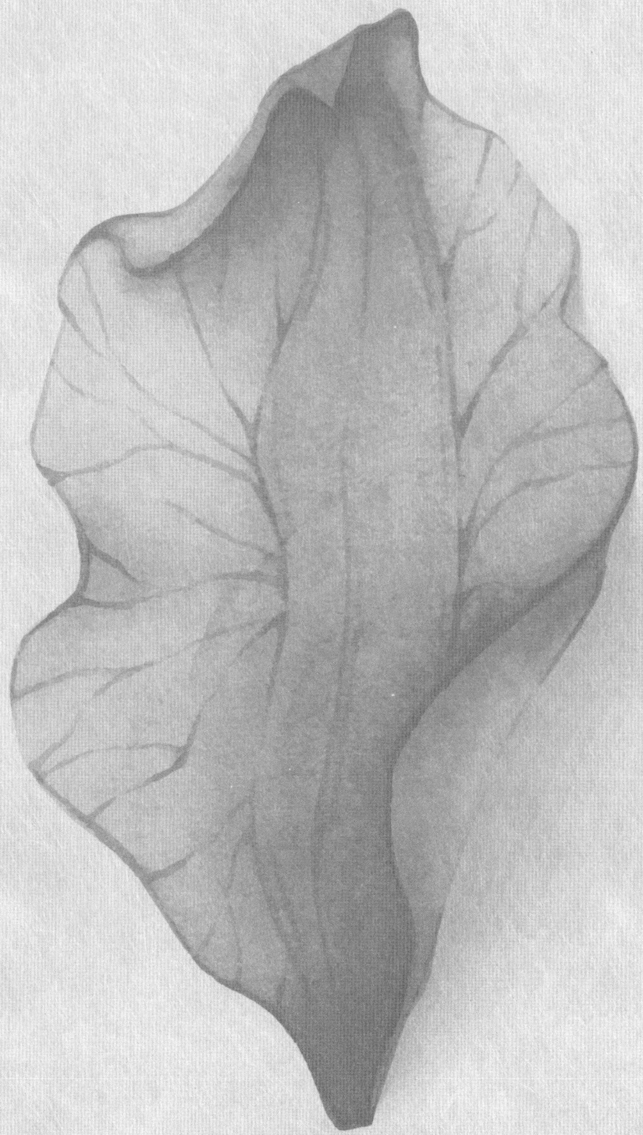

第 4 章

修正情感模式：調節思維與情緒

01 轉化傷痛，幸福自來

希臘哲學家愛比克泰德（Epictetus）曾說：「其實，令我們不快樂的，並非事情本身，而是我們對事情的看法。」

一個人不快樂，往往因為事與願違，情人對自己不關注、老闆對自己不重視、事情進展不如意、朋友沒有搭理自己等，而不快樂的發生，容易有兩個歸因：

1. 歸咎到外面——外控：認為他人找自己麻煩、都是天不時地不利人不和。
2. 歸咎到內在——內控：都是自己不好、太笨、太慢、太沒用等。

然而，這些歸因並沒有真正解決「不快樂」的困擾，只是讓情緒有個導向的出口，可以對他人發怒，可以對自己批評或自責，而造成負向情緒在自己與人際間無限負向循環。

真正創造不快樂的核心，是「非理性信念」，此概念是心理治療學派中理性情緒行為療法（Rational Emotive Behavior Therapy，REBT）大師阿爾伯特．艾利斯（Albert Ellis）提出，認為它會創造「責備」的行為，因為它具備武斷與絕對性的「應該」、「必須」等要求和命令，例如：

1. 我必須得到生命中所有重要人物的愛與讚賞。
2. 我必須完美執行重要的任務。
3. 因為我非常希望別人能體貼和公平的待我，所以他們一定得這樣做。
4. 如果我得不到我所要的，那就會很糟糕，會使我無法忍受。
5. 逃避面對生命的困難與責任，比起接受更多自我成長的訓練來得容易多了。

這是艾利斯在他歷時五十年的心理治療生涯中，觀察到一定會不快樂的非理性信念，一定！一定！一定！很重要要說三遍，這五項信念，會讓你不停想要責備他人或責備自己，讓你無法真正為生命負起責任，又偏要他人對你負責，而這些信念也常見於憂鬱症者以及長期受情緒困擾者身上。

十多年前，因為情感的困擾，讓我對人生充滿各種不安與焦慮，為了讓心平靜下來，我開始接觸禪修，希望藉由修行來找回喜樂與心靈的安頓。

很幸運的是，我在一次次禪修過程中，很快體悟到讓心不安的原因。當時，就是一種「求不得」的苦，也是佛教常用的「八苦」之一，然而讓我有更深體悟的，卻是深究「苦」的過程，給了我很大的啟發。

當你深愛著一個人時，對方卻沒有用你要的方式回應你的愛，這種苦滋味很多人都能感同身受，但又究竟有多少人，可以從這苦果中重新理解生命？或者「脫離苦海」？

我付出這麼多，他怎麼可以這樣對我？

為什麼他不回應我的愛，是不是我不夠好？

在這麼多對事件、對自我的詰問中，你會發現大部分都歸結到自我感受到傷害，但讓自我感受到傷害的，其實是內在心智的運作，也就是你主觀的認為你該如何被對待、你所期待的世界，甚至你做了什麼就應該獲得什麼，然而我們內在心智運作，卻不一定會靜下心來沉澱，我們更多的關注，是他人讓我們失望的行為，也認為因為他人的行為而帶來的情緒，認為他人要修正行為，卻不一定認為自己要看懂與修正心智運作。

這份「我覺得應該如何如何」，即是佛學中常言：「我執」的心智運作，卻能直接剝奪快樂與喜悅，畢竟世界本來就不會依照你意識運作，你的快樂，來自於外界都要能應和你的內在，在於你渴望「心想事成」與「順心如意」，但你的心智並沒有準備好容納他人與你想像的不一致，或他人是一個思想與行為全然獨立的個體。

在我觀察到許多在關係中困擾的人，多數都迴盪在兩種自我狀態中，一種是過度自我中心，也就是該被周遭的人捧在手心，不能有任何忤逆，因此身邊經常環繞著服務他的人，或者不太有主見的人，讓他可以有隨時眾星拱月的感覺；另一種是過度他人中心，總是將眼光看向他人，關注他人的需求與感受，希望在自己身邊的他人，總是快樂與滿足的，這看似處處為他人著想，觀照與體貼他人，到最後其實是渴望自己被他人需要與依賴，依舊是一種隱形的自我中心。

這兩種狀態的困擾，一樣出自於「我要、我希望」而對照著他人則是「你必須、你應該」的狀態，因為這份思維與自我意識，就容易造就關係中的失望與憤怒。

這時，你一定會好奇，那麼進入關係，是不是不期不待不受傷害呢？

倒也不是這麼說，如果沒有期待，我們就沒必要進入關係，進入關係最根本的需求，就是希望彼此相愛，而需求滿足要開始以「兩人共識」，也就是兩人共同同意的狀態出發，才是真正對彼此都好的需求滿足。

這份「我要」不只帶來不快樂，還帶來關係中許多強制性，例如：

我要你陪我去看電影，如果你不做就是不愛我！

我要你陪我吃晚餐，你一直加班，你就是不愛我！

當你持續陷入自我中心的愛戀，將容易成為關係中的索取者，容易發展出追與逃的關係，也會感受到另一半不斷邊緣化，甚至迴避關係。這份在愛中的僵化思維與非理性信念，也可能來自過往傷痛經驗，或診因為過往得不到的痛苦與匱乏，轉而在親密伴侶身上索取，希望透過對方的給與來安頓內心，感覺自己不用向過往一樣擔心不被愛。

未療癒傷痛經驗會明顯影響一個人的思維方式，更會影響一個人看待世界的方式。

一個人之所以在關係中發展出控制與強制性，通常是缺乏安全感的狀態，而傷痛容易發展出兩種對待關係的極端形式：

一種是**極度涉入與操控關係**，因為這樣的人會發展出的思維是：「我一定不要像我媽一樣在關係中這麼弱勢，我一定會找到一個愛我的男人，我一定會讓他言聽計從。」他看見原生家庭中有人受盡關係中的困擾，而當你認為對方過於軟弱時，你就會轉而成為強勢的人，強悍的抵抗關係中權力不對等的狀態，卻在過度掌控之下，也許你翻轉了關係地位，但依舊複製了原生家庭中「不幸福且不快樂」的關係狀態。

小麗對丈夫滿臉的嫌棄，覺得他收入不高、答應的事情常拖拖拉拉，說著要搬出去，結果兩年過去還必須待在婆家，忍受公婆不同的生活習性之外，還必須吃婆婆充滿素料的晚餐，公公不時在家中抽菸。

小麗在事業上很有一套，因此也沒讓自己閒著，也不虧待自己，既然先生不搬，自己搬走把這些煩惱都斷乾淨，但她卻忘了被留在家中的先生，該怎麼面對公婆的質問。

小麗覺得先生一點都不愛自己，如果愛，怎麼會讓她自己外出住房，如果愛，怎麼會工作如此不積極。然而探索了小麗的原生家庭，會發現她的母親就是勞苦不堪的女性，因為爸爸總是有一搭沒一搭的工作，家中總是有好幾張嘴巴等著母親賺錢回來餵食，母親日以繼夜的工作，甚至還要深夜蹲在浴室洗衣服。將一切看在眼裡的小麗，除了要求自己盡快經濟獨立之外，也一心渴望找個有肩膀的伴侶，不要再複製母親的辛勞，發誓不要像母親一樣任勞任怨。

然而，關係是互補的，當你越有想法時，就容易吸引到缺乏主見的人，畢竟兩個有想法又不一致的人，勢必經常吵到天翻地覆。當你強勢，就容易搭配順從的人，如此關係才有可能持續。

後來，小麗逐漸意識到，自己真正渴望的，是能跟伴侶親密的關係，而非透過對方的言聽計從來獲得滿足，也開始體認到自己與母親的差異，已經有能力過上舒服的好日子，因此慢慢能鬆開對先生行為「非如此不可」的強制思維，而先生也因此在關係中更有能力滿足小麗。

另一種則是**排拒與疏離關係**，也就是過往的傷，讓你相信關係會帶來痛苦，可能是親密關係的傷害，也可能是家庭關係的傷害，因為傷痛經驗會磨損我們對人的信任，唯有透過療癒傷痛，釋放過往情緒，才能快速鬆動腦袋中那「關係很危險、很麻煩、很煩」的僵化思維。

小美來自成員眾多的家庭，小時候家中婆媳與妯娌爭吵特別嚴重，總是要每週上演兩三次，她總是納悶，到底為什麼大人不能好好說話。她後來變得安靜，不爭不鬧，靜默看著許多事，不去說心中的痛苦和害怕，漸漸失去快樂的笑容，而被許多事煩心的家人，也沒有能力發現與關懷這安靜的孩子。

長大後的小美，與人保持距離，包括家人也是。對他而言，太靠近的關係會受傷，每次逢年過節他都極為痛苦，有著親情的壓力，父母總是質疑他不愛家人，為什麼都不與家人聯繫。

小美童年裡，有許多爭執與充滿情緒張力的故事，卻在每一次談完，一陣療癒與釋放後，他感覺身上的沉重似乎輕盈不少。最重要的差別則是，當他重新回顧記憶，在記憶中釋放恐懼與委屈的情緒，並獲得理解陪伴與療癒時，就有機會改變他的知覺，讓他可以重新看待關係。

當一個人在關係裡、童年中受了傷，他會難以相信關係，因為，他相信傷害。而當傷害有機會復原，才能重拾對關係的信任，關係就存然是兩人之間的相處，關係並不全然夾雜傷害。

一旦傷害產生，也瞬間讓人失去愛、失去快樂，更失去知足的能力，後續人生會持續這般模式，包括對人的拒絕與敵意，而累積更多傷害。

這樣為期兩個多月的談話，有一天小美分享了不同的故事。他說，他開始看見，其實父母一直想靠近他與拉近親子關係，包括約吃飯，或總是帶很多食物給他，而過往他總覺得那是被索取「感恩」的壓力，如今他重新意識那是家人能做到的愛，也重新理解，他無需涉入上一代的紛爭。

在我的實務工作中，「愛」**一直都是最有力的療癒，但它偏偏是強迫不來的感受**，但它出現那一刻你會感受到強烈的滿足，自然能有知足與感恩的狀態，感覺內心的空洞感被填補，也感覺到內心的惶恐被安撫，對人的怨恨被釋放，而「愛」的出現，會讓你體驗「幸福快樂」，一旦你體驗幸福快樂，接下來的人生，就能以此體驗感為指標，你進而可以決定是否用相同的思維生活，是否要花大量的時間環繞在讓你受傷的人際關係中，是否要調整你與人互動的方式，來因應愛的指標感。

一旦你回憶起那份愛的感受，幸福快樂就能成為你的日常了。

如果你開始認為，快樂可以是一種選擇，那麼以下三件事你可以為自己開始學習：

學習偵測與看見

自我覺察、看見信念，是改變內在運作歷程最重要的一步，當你看不見，你就會一直覺得生命處在被迫與無力的狀態。

學習停下與反思

當你可以停止說「我也沒辦法」、「我就是這樣不然要怎樣」的消極話語時，你基本上就開始掌握你的生命，讓生命轉向「我可以」、「我會」的境界。

學習接納與包容

當我們嘗試接納與包容，或者停下「我要這樣」、「你應該這樣」等非如此不可的訊息，你就在提供思考的彈性，拓寬認知與心的寬廣度，讓心思不受限在狹小的範圍，認為需要符合某特定標準才是好的狀態。當你願意接納自己的樣貌，接納對方的樣貌，如實地理解彼此，你會感受緊抓的手鬆開了，緊縮的心也放開，讓關係朝向「我們一起決定」「我們都喜歡」的共好狀，人生將有許多可能。

最後，送給你我最喜歡的一句《聖經・箴言第四章二十三節》：「**你要保守你心，勝過保守一切，因為一生的果效是由心發出。**」

親愛的，邀請你開始練習覺察，選擇快樂、擁抱快樂。

02 不讓恐懼壞了你的好事

小欣剛與國外男友交往一週，他們在同一家公司工作，而小欣在台灣分公司，據說對方很會撩人，對方上次來台灣跟小欣開過會後，就密切聯繫，在準備來台灣開會前一週，開始與小欣交往，來台灣後也立刻就發生關係。

就在激情後的隔天，對方突然冷淡了，希望彼此拉開距離回到以前同事關係。聽到這裡很多人立刻就會冒出渣男的想法，可能也有人想檢討小欣根本就識人不清。

小欣半夜哭著跑來找我，我一邊安撫她，一邊試圖讓她冷靜，在談話過程，看得出來她傷得不輕，因為這已經不是第一次她與男性發生性關係後，對方對她冷淡與逃避，她也不是第一次有過報復的念頭。

上一次，她更曾經到對方公司發了傳單直接指名道姓之外，還特別強調「始亂終棄」與「射後不理」還有「只有N公分」的字眼，企圖讓對方聲敗名裂，而當時為何這麼氣人也不是沒有原因，對方也是有了論及婚嫁的女友，卻不斷告訴小欣要跟女友分手，像極了「犀利人妻」的劇情。

在那次談話中，我還不是合格的諮商師，試著要分析對方的心態，我聽到的內容也只有對方覺得到台灣出差疲累、覺得關係似乎進展太快、希望彼此可以慢下來退後一點。

坦白說，聽到這裡也有些合理性，一段關係除了性吸引力，與這個人相處的吸引力，對這個人的生活好奇，也是關係中非常重要的元素，奇怪的是，對方似乎只被小欣的身體吸引，難道對方要性不要愛？還是小欣只懂得用身體吸引對方？這當中就很值得深探。

我也試著去靠近與安撫小欣的心情，畢竟那是很強的失落與受傷感，處理不好很有可能舊事重演而造成兩敗俱傷，小欣與「渣男」奇妙的不解之緣，也真實傷透她的心，何以她不斷吸引到「渣男」，還是男人到她身邊都一致地變成渣男，還是她身上有隱形的枷鎖會讓人感覺被拴住而不斷想逃跑？

在這強烈失落的痛苦中，小欣其實打定主意不想再被傷害，她需要保護自己，在我那句「他可能沒準備好要進入關係」後，她突然起身，似乎想通了告訴我：「謝謝妳陪我談話，我要去跟他分手了，他根本不適合我！」我在旁邊一臉黑人問號，一邊擔心地想著我是不是在拆散一段有可能修復關係的伴侶，卻還是點點頭起身送她離開，不忘祝福她也告訴她：

「決定好了，就好好談吧！」

回到房間，我再次思索與確認自己是否誘導她，是否毀了一段有可能的關係時，我頓時發現，她其實是來尋求保證或尋求同盟的，她心裡早有答案，只等著我說出跟她答案一致的話語，其他的說法全被她主觀的意識篩除。

因為，她心中滿滿的恐懼，恐懼被傷害也恐懼再被拋棄，她早已經決定。因此，她偏執地相信對方是壞人，而無法看見關係全部的樣貌，更不認為關係有任何轉圜的可能，也無法從關係傷痛的經驗中學習，更執著得認定男人就是渣！

你有沒有遇過有些人，無論你怎麼跟他講道理，他都沒辦法聽進去，繞來繞去還是在自己的思維上，卻又無助地尋求你的意見，其實是在找人支持自己的論點。人的思緒很容易被情緒影響，當經驗重複應驗，就成為刻板印象或以偏概全，接著，就成為你的信念。

小欣的辛苦在於，多次被傷害與拋棄的經驗，造就痛苦與悲傷的情緒太多，因此在關係信任上破碎，也容易將不合己意的人歸類在「壞人」的範疇中。

當內心被恐懼箝制，將看不清關係全貌

恐懼的存在，會狹持一個人理解他人與共感的能力，容易負向解讀他人，也容易負向解讀自己，因此遇到事情不如意，就容易往死胡同鑽，也會壯士斷腕般迅速決定，因為在恐懼被傷害背後，還存在害怕自己是那個死纏爛打的人，是那個別人已經不要還巴著不放不懂羞恥心的人。因此恐懼受傷背後，有個很難好好抬起頭看向對方，自卑又容易覺得無地自容的自己。

因此越恐懼，越需要剛強的表現自己，越需要遮掩心中的脆弱，但**真正情感交流，往往是脆弱的交流，表達自己對對方的喜愛與感恩**，也是一種真誠又脆弱的情境，因為對方隨時可以用拒絕的刀插在你柔軟的心口，因此表達愛意向來就是一種脆弱的展現，等同於在邀請對方傷害敞開的自己。

這也是**許多人在親密關係中的選擇，選擇敞開身體，而非敞開心房，獲得性相對容易，獲得愛著時困難，因為愛的感受，容易帶來脆弱與失控**，這也是小欣的困境，渴望愛卻有非常多的「可是」，到頭來總是把「算了」或「不然分手」掛嘴邊。

面對這份害怕傷害的恐懼，就是練習直視被拒絕的自己、被拋下的自己，有的人會告訴我，這樣有什麼用呢？到最後還是被拋棄呀！這個讓許多人在關係中恐懼的，就是「被拋棄感」所帶來的各種傷害、悲傷與無價值感，但換個念頭想想，假設你身邊有個毀你三觀的朋友，經常對你挖洞，奪去你的伴侶，背後說你壞話，也沒想過要給你好臉色看，但你們關係一開始，你對他付出頗多，陪伴他也將他介紹給朋友們，這時你通常會說的是，緣分盡了，我們不適合繼續當朋友，該斷開友誼了，你不會說：我要拋棄他。

因此「拋棄」一詞並不適合用在成年人的關係互動中，而是使用在年幼的孩子身上，因為是年幼還無法自立的人，對於拋棄會有一種無法活下去的恐懼感，但成年人即使失去關係，還是有辦法自立門戶，只是需要面臨情感上的斷裂，所以更精準的說法是，失去與對方的連結，失去這段關係，而不是被拋棄。

會使用拋棄的成年人，往往被小時候可能要被丟掉的恐懼給箝制，但童年時期我們很容易成為大人的附屬品，或者大人的延伸，但成年之後，我們就不再是任何人的附屬，因此你我也不能真正「擁有一個人」，我們只能「擁有關係與連結」，因此我們更需要著眼於關係的互動與經營，而非對方的行為。

當你一直很擔心伴侶出軌：你通常是專注你的恐懼憂慮，還是專注關係互動？

小傑因為原生家庭的母親出軌，一直在關係中對伴侶非常沒有安全感，當來到適婚年齡兩人論及婚嫁時，小傑恐懼結婚的感受瞬間爆發，母親家境富裕工作能力強，處處吃定父親，甚至有段時間父親失業在家，受到母親冷言冷語的對待，讓小傑對於親密相處有巨大陰影，而偏偏小傑的伴侶也是較具主導性的女性，又非常有魅力，準備結婚的當下，小傑又因為新冠肺炎疫情面臨職涯的瓶頸，對於穩定經濟非常沒把握。

面對這樣的情感困境，我通常會不斷重複問同一個問題：「你的憂慮，伴侶知道嗎？」「你的想法，伴侶知道嗎？」「你的需求，伴侶知道嗎？」這時，大多數的個案，都有點茫然或不確定的口吻告訴我：「他應該猜得到吧！」

這代表在關係互動中，彼此並沒有踩在真正相互信任的地基上，彼此也沒有真正感受到安全的連結，「愛」就很容易成為空談，因為你還沒讓對方認識真正的你，也或者你認真隱藏真正的你的原因，是你認為沒有人知道你如此龐大的憂慮後，還能依舊愛著你。

因為缺乏透明相互交流的地基，你腦海就會充滿各種不信任、不安全的想像，你也必須一個人消化那份摸不著邊際的憂慮，而容易成為驚弓之鳥，到處捕風捉影。

例如：你對自己賺錢的能力沒自信，當對方很開心跟你分享他今天投資股票賺了一、兩萬元時，你就覺得對方在嘲笑你而生起悶氣。所以，你們沒有連結分享，更沒有親密，你對他是猜疑、嫉妒，甚至害怕他覺得你能力差而不要你。

首先，你可以開始問自己以下的問題：**你通常專注你的恐懼憂慮，還是專注關係互動？**如果你一直害怕對方不愛你，那你還有能力專注在你們彼此的交流連結嗎？你憂慮著對方若知道你的缺點就不再覺得你吸引人，卻不知道當對方都無法靠近你、無法快樂的交流時，關係只會越形疏遠，造就真正的分離。

因此當開始憂慮，請練習用心專注在每一刻當下的互動，你可以思考的方式反而是，「我們怎麼做，這段關係會更幸福、充實、滿意」，轉換思考方式，你就能轉換行動方向。

在小傑的故事中，他看見父親的被動、無力、抱怨與沮喪，從沒真正思考其實自己是造就關係相處越益疲乏的關鍵角色。

親愛的，專注在提升關係安全感、相處品質、彼此幸福感、滿足需求的範疇，你就在餵養一段幸福的關係。專注在憂慮還沒發生的災難情況，你就是在餵養一段悲情的關係。

直視恐懼，讓它無所遁形

從小我就被母親說是個「大膽」（台語）的人，意思是膽子很大，但當我獨自去旅行後，才發現我身上依舊有許多恐懼的影子，害怕落單、迷路。

幾年前，我在印度南部實踐烏托邦理念的美麗小村落「曙光之城」（Auroville），裡面許多歐洲人和美洲人，因為傍晚才到村落又沒有訂房，在一個路過的法國人的協助之下才找到住處，後來也跟他參加森林部落的參訪行程，了解這村落如何落實綠化、保水與自主發電。

隨著天色漸暗，我開始感覺心慌，一直擔心究竟怎麼回到住處，一轉眼發現同行的法國朋友不見了，更是驚慌失措，卻發現一旁另一個也一起來的墨西哥朋友還老神在在地聊天，我便詢問他，我倆才知道「喔！接駁車來了，該離開了！」

回到接駁車上，看到法國朋友已經在車上，我一邊心安，一邊也納悶這是個怎樣的文化差異，走了也不會跟同行的朋友打招呼，但更讓我驚訝的，是我那蔓延的恐懼。

為什麼墨西哥朋友一點都不害怕？

森林部落有點距離，回到接駁車的定點，還需要再騎車回住處，也有一段距離，而這是個GPS不能運作的偏遠地區，他為什麼不害怕？而且他還搭法國朋友的便車！

我為什麼這麼害怕？這其實是個安全且夜不閉戶的村落，晚上你可以聽到動物跟著樂器共同吟唱的淨土，那些恐懼來自何方？

我才意識到，我與大自然的疏遠讓我對這塊不願過度開發的淨土，充滿未知的恐懼，恐懼自己迷失在林間蜿蜒顛頗的小路被黑暗吞噬，卻忘了這一片土地與暫住在這片土地上的人們是如此善良與尊重的與這片土地共融。

而是我蔓延的恐懼讓我難以安在當下，去享受、感受和擁抱在那行程中的每一分美好。

所以親愛的，其實恐懼一直都在，但我們可以在直視它後，穿越恐懼不受影響。找出恐懼的源頭，才能對症下藥，在《毒型情緒》一書中提到四階段的恐懼循環分別為：

過度想像

面對某個情境，恐懼被過度想像，而開啟災難性思維。

假設我在某一次公開演講產生恐懼，想像台下的人冷若冰霜或訕笑，而這時便進入第二階段。

恐懼開始反饋

恐懼開啟更多對於現實的負面認知，開始扭曲事實，導致你身心籠罩在恐懼中，逐漸實現你一開始認為會發生的事。

恐懼不是讓你動彈不得，就是讓你加速失敗

恐懼過大會限制自己的身體，就容易因此語無倫次或在台上舉止怪異，而導致演講失敗，這也引發第四階段。

第一個記憶

這也是所謂「一朝被蛇咬，十年怕草繩」，恐懼發生所應驗的事實，導致我們深信自己永遠會複製這失敗的經驗，而蒙蔽心智與判斷力，總是被恐懼無限環繞。

而你可以做的，就是承認恐懼，並處理它。對親密關係的恐懼，也經常透過這四個循環而來，**而克服恐懼的第一步是學著承認自己會害怕，用文字將恐懼表達出來，開口談談會喚醒我們恐懼感受的一切，唯有承認自己的恐懼，才有機會戰勝它。**

下一步則是學會直視恐懼。在某些原住民部落會教導孩子面對恐懼，例如：大人讓孩子閉起眼睛，想像六、七公尺長的雙頭毒蛇在他們面前挺起身子，然後告訴他們逃跑了毒蛇一樣會緊跟著，但如果不逃跑，盯著毒蛇看越久，毒蛇就變得越小，當恐懼變得渺小到甚至無感，你就能感受到自己的力量和強大，你自己便是那個足以面對恐懼的巨人了。

同樣地，你也能找到你心中的恐懼，練習直視他，每一次當你想逃跑時，透過呼吸讓自己沉穩下來，每一次想用力抵抗時，就用呼吸放鬆自己，將呼吸溫柔帶往胸口，帶往頭腦，帶往身體每一個部位，如此，你將能穿越恐懼，讓恐懼在你的呼吸中煙消雲散，因此你會發現，也許你並不一定是那個害怕情感失敗的狀態，也許你真正害怕的就是「害怕」這份感覺罷了，而當你可以調節感受，又有什麼好害怕呢？

第 5 章

從愛無能中，找回愛的能力

01 你好我也好的溝通心法

如果你在關係中經常激烈的爭吵，那究竟是你不好溝通，還是對方不好溝通？

如果你在關係對話裡，常覺得對方會踩到自己的點，或自己常踩到對方的點。

如果你常在對話中，不知不覺就覺得失去吸引力、魅力或話語權。

往往是溝通模式出了狀況，而在溝通模式之下，往往埋藏著我們看待人的觀點。很多人都會羨慕他人為什麼可以講話如此自信，而他的自信表達卻同時能讓人感覺非常舒服，甚至與他說完話會有滿滿力量的感受，究竟是做到什麼呢？

讓我陪你一起了解溝通的內在世界。

「歇斯底里」的溝通才會聽？

有一次的課堂分享，阿傑跟女友約在捷運，看見女友正被一個男生搭訕，阿傑心中一把怒火，覺得有這麼難拒絕搭訕嗎？就冷冷地在一旁看女友，忽視女友無助且求助的眼神。過一會後，阿傑走過去，搭訕男悻悻然地走了，女友開始抱怨跟訴苦，覺得阿傑沒有幫忙她，她心裡很是無助，但阿傑為什麼在一旁什麼都不做？

阿傑則滿腦子都是之前被背叛過的陰影，覺得女友根本不想拒絕人，想表現出欲拒還迎的樣子，對女友滿是指責地說：「你就是……」「你根本就……」「哎呀！不要說這麼多，你就這樣啊！」也沒有想聽女友說明，更沒有想聽女友表達自己真正的心思。

阿傑在自己的世界裡，認為女性都會背叛與出軌，用自己的眼光絕對性的認定女友，只相信自己看見的，關上耳朵、緊閉心房、轉過身去，不相信活生生的女友在他面前，真實訴說的心情。

在被阿傑推開與拒絕後，女友傷心地哭了，甚至像孩子一樣強烈地抽噎著。

這時，阿傑看到女友哭了，一陣心軟，突然意識到事情嚴重性，也才意識到女友究竟有多無助多害怕，才想起女友一直都是很怕與人起衝突的人，這才打開耳朵、面朝女友，坐下來好好聽女友說話。

阿傑在課堂上分享，一邊開心地覺得，果然上課有差，開始懂得學會傾聽與尊重對方，結果我接下來說得話，還是不免澆了他一頭冷水。

「阿傑，你有發現什麼時候，你才打開耳朵聽對方說話嗎？」我問。

「好像是她哭了，讓我覺得事情嚴重，中間過程我都覺得根本是藉口！」阿傑說著。

「所以，一定要有很大的情緒，才能真正的溝通嗎？」我問。

阿傑張大眼睛，一時語塞。

「看起來這已經是你溝通中的慣性，習慣先入為主的認定對方，現在是背叛、不忠誠或認為對方不愛你，下次可能是不用心、不願意，只要被你認定了，就不可能好好溝通。那怎麼辦？是不是就要『破壞式溝通』呢？」我問。

「也就是『高情緒強度的溝通』就會成為你們關係互動的常態，不然也沒有其他方式了。」我繼續說著。

阿傑很認真地抄著筆記。

「這種高情緒強度、高張力與充滿破壞性的互動，自然會消磨關係的愛，通常會讓人氣憤到想砸東西、奪門而出、抱頭痛哭、撞牆搥牆、甩自己巴掌，甚至對他人動手動腳，而很多時候並不需要演變成這般激烈的互動，只要一開始願意好好地傾聽就好。」

親愛的，如果這種自己瘋了、對方瘋了，是你們溝通的常態，請在溝通前，先確認彼此是否耳朵都打開了，是否無論如何都願意聽下來思索對方話中的真實性，還是你總認為對方在辯駁，如果對方在辯駁，那你就在講道理嗎？你講道理，會不會是對方眼中的指責呢？

關係中磨合與溝通很重要，但很多人誤用

關於溝通與磨合這件事，很多學生曾問過我類似的問題：

有一天，小班來找我訴苦，他覺得女友非常難溝通，每次跟他討論事情的時候女友都格外不耐煩，甚至會想辦法打發他，讓他很難受，他不清楚他究竟要怎麼跟對方開口，才能被

對方接受。

有次直播時，小玲提問了一直困擾她的現任關係，她說與男友目前分分合合，不確定是不是因為算命曾經提到他們命盤不合，因此她非常努力要磨合，而他們的關係也真得都付出很多心力，當然具體磨合內容她在直播中並沒有說明，但提到另一半有時會跟她說，既然磨合這麼辛苦，那是不是直接去找適合彼此的人呢？她困擾的問著。

其實，小班與小玲都是關係中很努力的人，他們也都認真的維繫關係，只是他們經常搞不清楚為什麼伴侶依舊跑給他們追，甚至不時有不耐煩與攻擊的行為。

坦白說，每次如果我遇上有人要跟我「溝通」這件事，多少會讓人神經緊繃，或者就會開始防衛啟動，準備捍衛自己或是反擊對方，這些其實都是常見的反應，而當「溝通」經常發生，自然會更直接感受到「又來了！」「有完沒完！」「到底哪裡又不對了？」

也就是經常性的「溝通」與「磨合」的情境，會讓人開始在關係中感到挫敗，因為一般情況下，我們不會一直需要「溝通」，關係中對話的語言通常會說「聊天」、「閒扯」、「分享」，因為那是一種我的經驗與你的經驗連結的過程，關係也會因為彼此的分享與連結，而得以交織出更綿密的情感網絡，成為彼此厚實的地基。

但用到「溝通」與「磨合」的語言，通常意味著：你不夠好、我們不夠好，所以要做些事情來改變。但問題是，很少有人喜歡被要求改變，也很少有人會總是被指正、挑剔與責備的過程中，還能總是心平氣和的互動。

是的，你會發現「溝通」與「挑剔」可能只有一線之隔，也因為溝通有這層心理感受，在關係真得不得不進行溝通時，提升對方在關係中的安全感格外重要，因為越倍挑剔的人，是越不可能改變的，而為了避免爭執與永不止息的碎念，許多人的作法就是表面上應付，也就是假性共識與妥協，私底下拖延或說一套作一套，因為溝通中期待改變發生的，往往容易是說者單方面的希望，並不容易成為真正的共識。

想一想，上一次你願意改變自己是什麼時候？通常是你自己願意改變，或者你被迫改變當你沒得選擇的時後。而關係中溝通所帶來的改面也同樣的道理，也就是伴侶願意為你改變就兩種情形：

1. 當對方覺得在關係中，擁有足夠高的安全感時。
2. 當對方知覺到不改變就面臨分手，必須痛定思痛時。

所以，這就是為什麼許多人溝通不成時，那句「那不然分手」會這麼常發生，那其實是一種單方面的「控制」，並不一定有充分理解與尊重另一半，到最後關係自然充滿壓力與無奈。

因此在溝通中，你要幫自己保有兩種思維：

1. 當你談話中「溝通」所占比例，基本上也是關係中壓力比例。
2. 當溝通發生時，我是否讓對方感受到足夠高的安全感？如果沒有，對方又為何要因為我而改變？

接下來，可以開始了解我好你好溝通法，幫助彼此在溝通的過程有更多安全感。

常見的四種溝通法和三種對話模式

這四種溝通法很淺顯易懂，可幫助你增加自我覺察，以及覺察他人的內在狀態，同時你也可以練習，當你遇到他人跟你如此對話時，你會有的第一反應為何？

對話語境中，通常有三種模式

1. **正向語境：通常是誇讚、感謝、欣賞與支持的情況下。**

例如：「還好有你幫忙，真是太感謝了！」

「哇！你口才真得好好喔，怎麼講話這麼清晰有邏輯，好羨慕！」

「我們會一直在旁支持你的，放心往前吧！」

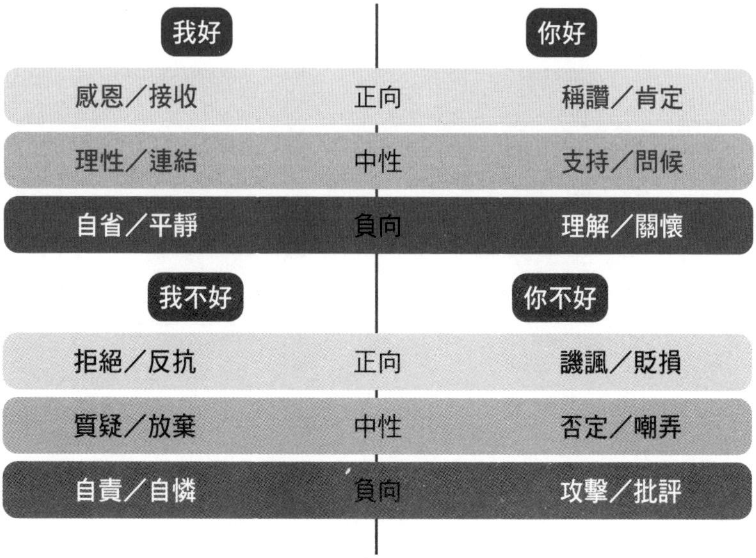

我好		你好
感恩／接收	正向	稱讚／肯定
理性／連結	中性	支持／問候
自省／平靜	負向	理解／關懷

我不好		你不好
拒絕／反抗	正向	譏諷／貶損
質疑／放棄	中性	否定／嘲弄
自責／自憐	負向	攻擊／批評

2. 中性語境：通常是敘述某個事實、詢問某件事或尋求意見提供的情況。

例如：「你知道這附近有哪家餐廳好吃嗎？」

「最近某某藝人的離婚事件很多人討論啊！」

「我找不到我的手機，你有看到嗎？」

3. 負向語境：通常是抱怨、責備、嘲諷等容易帶給人負面感受的情境。

例如：「好煩喔，為什麼事情這麼多，根本做不完！」

「你為什麼這點事情都做不好！就不能多花點心思嗎？」

「我真不知道你腦袋是幹麼用的，你大概只剩臉能看吧！」

我經常用十字方格來表達我好你好溝通法的狀態，裡面皆是對話「動詞」，分別在不同語境下個人因為內在狀態而出現的動詞回應，從這些動詞也可以幫助你理解，你常出現的狀態是什麼，有時候甚至從你在上述三種語境的回應就能一探究竟。

1. 人見人愛對話法（我好你好溝通法）

最典型的心理狀態就是：經常感受到喜悅、開心，看待世界與他人都感受到舒服、輕鬆，對自己的人生感恩也覺得獲得很多祝福。

因此有辦法感受到自己是好的，他人也是好的狀態，通常相信對方是善意與善良的，即使是對方出面負面的狀態，也有能力去調節與相信對方是暫時的狀態，或者那是對方的狀態，自己並不一定需要負責。

因此他們在應對各種語境時，往往也能給出讓人舒服的說法，但這些說法又是真誠發自內心，因為他們就是這樣相信自己與他人。

正向語境

「還好有你幫忙，真是太感謝了！」

回應：「不客氣，你們也做得很用心！」（接收＋稱讚）

「哇！你口條真得好好喔，怎麼講話這麼清晰有邏輯，好羨慕！」

回應：「謝謝，你也可以做到！」（感恩＋肯定）

「我們會一直在旁支持你的，放心往前吧！」

回應：「謝謝你一直都在，你讓我安心許多！」（感恩或接收＋肯定）

中性語境

「你知道這附近有哪家餐廳好吃嗎？」

回應：「這附近很多，你喜歡吃什麼？義大利麵、牛肉麵、日式料理、中式料理？」

（連結＋問候）

「最近某某藝人的離婚事件很多人討論啊！」

回應：「我也有聽說，你怎麼看這些討論？」（理性＋支持）

「我找不到我的手機，你有看到嗎？」

回應：「我也沒注意到呀，你最後有印象放哪裡？要我幫你找嗎？」（理性＋支持）

負向語境

「好煩喔，為什麼事情這麼多，根本做不完！」

回應：「還好嗎？真是辛苦你了，需要我幫忙嗎？」（平靜＋關懷）

「你為什麼這點事情都做不好！就不能多花點心思嗎？」

回應：「我會再更謹慎一點，很抱歉讓你有這樣的感覺。」（自省＋理解）

「我真不知道你腦袋是幹麼用的，你大概只剩臉能看吧！」

回應：「我知道你很生氣，沒謹慎思考的地方我會反省。」（自省＋理解）

大部分人覺得困難的，往往是在負向語境中，很難保持心情的平靜，能夠練就出我好你好溝通最重要的是自我感的穩定，也就是要足夠認可與欣賞自己的存在，才不會因為他人的話語為之起舞、自亂陣腳，具備有分開自己與他人的感受的能力，也就是不一定要將對方的負向感受個人化，將之視為是針對自己，大部分人的負向感受，還是與他們生命裡的經驗有關，而當你真得因為事情沒處理好而被責備，也可以練習針對事情討論，而非因為受到責備而總是進入「我不好」的範疇中。

因此「我好你好」是一種心法，前述所提供的說話語境，則是你可以不斷練習運用在生活中的方法了。

2.自我可憐對話法（我不好你好溝通法）

最典型的心理狀態就是閩南語歌曲〈金包銀〉的歌詞：「別人的性命／是框金又包銀／阮的性命不值錢／別人呀若開嘴／是金言玉語／阮若是加講話／念咪就出代誌。」

這類型的人說話有一種自貶、自卑，他們容易羨慕別人，看似關係中容易姿態很地，但卻是一群極不容易討好的人，因為當你對他的稱讚與喜歡很容易遭遇他的抵抗或拒絕，甚至覺得不清楚怎麼相處是最好的，有時候甚至覺得他對其他人的羨慕與諂媚，會讓人感覺很有負擔。

正向語境

「還好有你幫忙，真是太感謝了！」

回應：「沒有沒有，是你們自己厲害！」（拒絕＋稱讚）

「哇！你口才真得好好喔，怎麼講話這麼清晰有邏輯，好羨慕！」

回應：「怎麼可能，我哪裡好了，你比較厲害吧！」（抗拒＋肯定）

「我們會一直在旁支持你的，放心往前吧！」

回應：「我一點都不值得，這樣浪費你們的好意了！」（拒絕或抗拒）

中性語境

「你知道這附近有哪家餐廳好吃嗎？」

回應：「我大概看起來很愛吃……你想吃些什麼？」（放棄＋問候）

「最近某某藝人的離婚事件很多人討論啊！」
回應：「我不知道耶，難道我是邊緣人!?都討論些什麼？」（質疑＋問候）
「我找不到我的手機，你有看到嗎？」
回應：「我也沒看到，我太不小心了！我幫你一起找吧！」（質疑＋支持）

負向語境

「好煩喔，為什麼事情這麼多，根本做不完！」
回應：「都是我不好，讓你這麼辛苦，你一定累壞了！」（自責＋理解）
「你為什麼這點事情都做不好！就不能多花點心思嗎？」
回應：「對不起對不起，我太會惹麻煩了，真得很抱歉，一定讓你很困擾！」（自責＋理解）

「我真不知道你腦袋是幹麼用的，你大概只剩臉能看吧！」

回應：「我就是腦袋不好靠臉吃飯，我也沒其他方法了，算我可憐吧！」（自憐）

其實，這類型的人在不自覺的自貶中，一開始會讓人感覺謙虛禮讓，但久了很容易被別人軟土深掘，因為別人對你發怒，你會對號入座的全盤接收，也因此這類人容易聚集脾氣很大的、頤指氣使的、愛抱怨的、不負責任的人在身邊，疲於奔命之外還常覺得自己命苦，這其實跟內在狀態有關。

因此，開始練習，面對正向語境要懂得接收，中性語境能好好連結，負向語境能適切自省，而非過度檢討與全面性自我否定，如此就能逐步翻轉你在溝通中的位階了。

3.人見人厭對話法（我好你不好溝通法）

典型心理狀態：將他人的付出視為理所當然，甚至縮小他人的貢獻，放大自己的付出，一百分是應該，九十五分就是該罵，總是有許多細節可以挑剔。

基本上，很多公司主管，或者你的另一半很聰明或很自為是的，很常是這種類型，也就是看不見他人的好，總能在百好之中看見一點壞，因此很難欣賞與肯定他人。

另外，有一點也值得省思的事，這類型的人往往一開始都容易覺得別人還可以，但相處之下越來越不可以，不論是在情感中或是工作上，原本心中打八十五分，後來就不及格，原因就在於他們正向肯定過少，批評與指正過多，讓環繞在他們身邊的人，都有一種「我是不是怎麼做都不夠好」的感受，而開始自我懷疑，因此相處品質每況愈下，甚至對方會有逐步放棄或固步自封的狀態，來消極抵抗關係中的不對等。因為這並不會一夕發生，通常是累積的受傷感受導致，適時修正才能恢復關係的滿意度。

正向語境

「還好有你幫忙，真是太感謝了！」

回應：「不客氣，沒有我真不知道你們要怎麼辦！」（接收＋譏諷）

「哇！你口才真得好好喔，怎麼講話這麼清晰有邏輯，好羨慕！」

回應：「那是自然的，所以你應該多學學！」（接收＋貶損）

「我們會一直在旁支持你的，放心往前吧！」

回應：「我是不太需要啦，但既然你堅持的話，我只好收下。」（接收＋譏諷）

中性語境

「你知道這附近有哪家餐廳好吃嗎？」

回應：「我很懂吃啊，但我推薦給你的你懂嗎？」（嘲弄）

「最近某某藝人的離婚事件很多人討論啊！」

回應：「我不感興趣耶，你時間很多是不是！」（嘲弄）

「我找不到我的手機，你有看到嗎？」

回應：「我哪有閒工夫看你的手機，你為什麼不會收好？」（否定）

負向語境

「好煩喔，為什麼事情這麼多，根本做不完！」

回應：「你應該好好學學時間管理，不要再抱怨了！」（批評）

「你為什麼這點事情都做不好！就不能多花點心思嗎？」

回應：「我這樣還不好？那你又做得多好，你就有花心思嗎？還好意思說」（攻擊或批評）

「我真不知道你腦袋是幹麼用的，你大概只剩臉能看吧！」

回應：「我至少還有臉，那你又有什麼？還好意思說大話！」（攻擊或批評）

看到這裡你會發現，第二種類型者跟第三種類型的人是相互補的，因此關係要能持續走下去，往往這兩種類型最容易結合，但往往不親密也不幸福，也可以是一種在關係中的各取所需。

若你發現自己是這種類型，那恭喜你，往往是因為你曾經在受寵的環境中成長，而讓你有種唯我獨尊的感受，但這種狀態進入社會結構就容易出現各種人際軟釘，讓你不得不調整，學會對他人尊重與欣賞，看中他人的付出，因此你要永遠記住：你是獨特的，其他人也是。

4. 人見人跑對話法（我不好你不好溝通法）

典型心理狀態：「負能量爆滿、像個黑洞一樣把人吸進去，感覺像吸血鬼一樣將人吃乾扒淨，而且會有一種無止境負向循環的狀態。」

這是很多人對這類型的人最經典的描述，因為與之對話通常會喚醒他人滿滿的無力感與厭惡感，他們除了會怪天怪地怪父母之外，也會強烈自憐、自貶與自嘲，世界觀裡常覺得別人瞧不起自己、針對自己，因此容易對他人有敵意，對他人的的行為過度反應，進而也引發他人的攻擊與敵意。

如此一來一往，這類人也經常在受挫與煩惱中，因為經常知覺到世界的不友善，也容易覺得自己是不受歡迎的個體，他人的好意容易視而不見或認為是有目的與暫時性的，無法信任自己與他人，因此很難與人產生好的連結。

正向語境

「還好有你幫忙，真是太感謝了！」

回應：「我也沒做多好，但你們下次要提早一點說！」（反抗＋貶損）

「哇！你口才真得好好喔，怎麼講話這麼清晰有邏輯，好羨慕！」

回應：「我口才糟透了，多得是厲害的人，你們也真是的，這有什麼好羨慕的！」（反抗＋譏諷）

「我們會一直在旁支持你的，放心往前吧！」

回應：「我不需要你支持，不要浪費你的時間，我不需要你可憐！」（拒絕＋貶損）

中性語境

「你知道這附近有哪家餐廳好吃嗎？」

回應：「我看起來很會吃嗎？你為什麼只想到要吃？沒有正事做嗎？」（質疑＋否定）

「最近某某藝人的離婚事件很多人討論啊！」

回應：「我看起來像會關心藝人死活的人嗎？你會不會吃飽太閒？」（質疑＋嘲弄）

「我找不到我的手機，你有看到嗎？」

回應：「我怎麼會知道，自己東西不看好，你媽生眼睛給你幹麼？」（嘲弄）

負向語境

「好煩喔，為什麼事情這麼多，根本做不完！」

回應：「你跟我說這個是要我怎樣？是我害的嗎？」（攻擊）

「你為什麼這點事情都做不好！就不能多花點心思嗎？」

回應：「對啦！我就家裡窮腦袋也不好，什麼都做不好了行嗎？你如果也可以多幫忙也不會搞成這樣！」（自憐＋批評）

「我真不知道你腦袋是幹麼用的，你大概只剩臉能看吧！」回應：「我就糟、我就爛，這樣你滿意了嗎？滿意了嗎？滿意了嗎？」（自憐＋批評）

相信聽完這些對話，你原本愉悅的心情也都蕩然無存，當你思考著這類型的人為這樣回應你的，請切記不要將他的行為個人化，因為這是這類型的人自身的課題，基本上一時半刻你是無法改變他的世界觀，而我不好你不好的回應，也是一種自我保護的措施，避免他人太靠近，以免再次身受重傷，因為往往是長期性、重複性的傷痛經驗導致這樣的態度，跟你無關，你只是他憤怒投射的對象罷了。

如果你是這樣類型的人，除了有意識停下回應的自動化反應之外，開始敞開自己去清理淤積已久的人際傷痛與情感糾結，將會是你生命最大的轉機。

親愛的，相信我好你好溝通法可以讓你擁有更寬闊的視野，更廣泛的覺知去與人互動，細緻的觀察你互動中的反應，也觀察他人的反應，你會開始更清明的看見很多時候，人際與愛情，不過是陪彼此演一場戲，最終要演出什麼樣的劇碼，你可以自行決定。

02 成為彼此的安全堡壘

對你而言，什麼是安全堡壘？

你是否能成為伴侶的安全堡壘？伴侶又是否能成為你的安全堡壘？

但令很多人困擾的是，明明相愛的兩人，卻經常有許多爭吵，通常一直吵架的伴侶，你可以說是兩人都缺乏安全感，你也可以說是這段關係缺乏安全感的元素，而一段有安全感的關係，在情緒取向治療（Emotionally Focused Therapy，EFT）就提出需要能做到以下三個重要的元素：可及性（Accessibility）、回應性（Responsiveness）與投入性（Engagement）。

因此，**伴侶間的吵架，吵得往往都是缺乏足夠的安全感問題，如何在吵架中讀懂自己與對方的不安全感，才是真正對症下藥，找回彼此親密與安全的感受。**

找回關係安全感的溝通三元素

可及性：「我能靠近你嗎？」「我能找到你嗎？」

例如：「你要晚回家為什麼都不會說一下？你不知道我有多擔心嗎？」「你手機為什麼不讓我看，你是不是心裡有鬼？」

其實，你想要找得到對方，總覺得對方不在你身邊，並且也不願意交代清楚行蹤，你有時很希望對方的行蹤與行為都能透明化，讓你可以都看得見的感覺，但很可能造成對方很巨大的壓力。

因此你一方面要問自己，對方怎麼做讓你感覺找得到他？一方面也要思考關係的透明度要多高你才能感受到心安，並且用這幾個方式與對方澄清和討論，才不會形成你追他跑的局面。

回應性：「你會回應我的需求嗎？」「我能從對方身上得到回應嗎？」

例如：「我跟你說你媽對我很不好，你不幫我就算了，還說我想太多！」

其實，你難過的是對方不能「體會與回應」你的辛苦，看見你的難受和委屈，有時候你真正要的並不一定是要對方當個違逆母親的兒子，而是希望對方可以跟你站在同一陣線，不一定要對方改變婆婆的行為，而是同理你當下的處境。

因此你可以嘗試將你的感受說明得更清楚，也讓對方聽懂你的需求，才不會讓你對關係的期待淪為無止境的指責，惡化關係。

投入性：「你願意認真經營這段感情嗎？」「你有人在心在嗎？」

例如：「你為什麼忘記幫我買東西呢？你上次就記得幫你媽買！你到底把我當什麼？」其實，你知道伴侶本來就會忘東忘西，但你就是受不了他總是忘記你的需求，一忘記代表他不在乎你。但當你跟他吵架時，他總是摸不著頭緒地認為，不過就是忘記買這種小事，你為什麼這麼生氣？

因此你真正生氣的，是他「到底有沒有把你放在心上」。你一方面要思考，對方做過什麼讓你感覺被放在心上，也讓對方聽懂這種「在乎」的感覺，因為「在乎」一詞極為抽象，當你沒有具體的例子，就會演變成「努力扭轉對方糟糕性格」的爭論不休了。

很多讓彼此爭吵的，不一定真是大事，往往是生活中瑣碎的小事，但也就是小事的加總，讓你越愛越沒有安全感，而當你跟伴侶在此吵架時，也許你就要能自我檢視，我現在感受到關係中缺乏安全感的，究竟是哪一個元素，真正對症下藥才不會吵不停。

親愛的，**看懂自己、看懂對方、看懂關係，你就能為彼此建立安全又親密的互動了**。

談完了安全感元素的吵架，接下來談談「需求」。人心靈深處兩個最大的心理需求，同時得到滿足被愛人無條件接納被愛人無條件接納 在愛人心中居首位在愛人心中居首位，進入關係每個人都渴望從關係中獲得情感連結與歸屬，然而讓很多人痛苦的，卻是這些看似很基本的需求，一在被忽略與延宕。

其實，需求滿足有時候還是要能評估，究竟你的需求是否合理，以及你如何表達需求，很多人的困擾往往在於，我的要求明明沒有很多，為什麼他做不到？我已經什麼都不要了，為什麼他還這樣對我？

會發出這樣問題的人，往往更多時候，在乎的是自己有沒有被愛，即使很用力去愛對方，也不一定給出對方渴望的愛，是一種自我中心的愛之外，更是可能充滿幽微又強制性的需求。

曾經在一堂課中，有學員跟我說他在關係中沒有需求，但也很明顯，他在關係裡一點都不快樂，接著我就問他：「你希不希望你在關係裡被了解？」「你希不希望你在關係裡被陪伴？」

看他愣在那裡後，我就接著說：「你要承認你有需求，並且用適切的方式取得你的需求，否則這種隱含在地底下的渴望，雖然沒有浮到檯面上，卻會讓另一半一直有一種莫名被索取的感受，不自覺想要遠離你。」然後我再說：「因為對方逃走，你會覺得不應該再要，但是需求一直都在，而變得委屈又不快樂。」

例如，你很希望他週末陪你，但你覺得他很忙，就不好意思說，等著他開口，接著他跟你說他要出差，你也只能答應了。然後到下一週，他可能電話沒有及時回應你的時候，你開始有一股怨氣，接著對方感受到了，卻不知道自己做錯什麼，也不知道自己該怎麼做才對，自然想要開始有距離。

如何滿足關係中彼此的需求？

在關係中的需求，代表的是一個人懂得自己要什麼，而要到了、滿足了，會覺得幸福快樂的狀態。越是覺得自己是以對方為主，在關係中又常不自覺生悶氣，往往是關係中更難討好的人，也讓對方在關係中缺乏安全感，或感到疲於奔命。

例如：你喜歡週末去踏青，而伴侶跟你一起去，你自然對關係滿意度提高，就算有時候伴侶沒有及時陪伴或回應你，你也不容易大驚小怪。

當一個人覺得自己沒有需求，也可能代表他不懂什麼會讓他幸福快樂，而不幸福、不快樂就是他基本的常態，跟他在一起的人自然就痛苦不已。還有另一種情形則是，不敢表達自己的需求，而這情形往往是因為對自己的需求感到羞愧，因此總等待伴侶來發掘自己的需求。這也是關係中許多人常有的迷思，認為你愛我就應該懂我，如果是我要來的，就不真誠。

因此當有一天對方因為你說想看電影而陪你去看，但看完之後對方問你開不開心時，獲得的回應往往不是「我很開心」的喜悅，而是「要不是我要你陪你也不會主動」這類的嘲諷，而讓對方在關係相處上更形挫敗。

親愛的，有需求並不代表自私，因為在關係中你不可能不期待另一半愛你、懂你、尊重你、珍惜你、陪伴你，這是在關係中最基本的需求。

所謂的自私，是根本不在乎伴侶能不能滿足你的需求，也不去思考跟明辨你的要求是否合理。而越是害怕自己自私的人，就越容易吸引到只注重自己需求的伴侶，更是不會注意到你的需求，而讓你在關係中委屈受傷。

所以如果你什麼都不要，那其實也不用待在關係中，因為沒有滿足、沒有開心，只有委屈和難堪。或者，從現在起開始好好正視，你在關係裡渴望獲得什麼，而你的伴侶是否可以溝通討論，練習將需求表達出來，才不會成為那個已經委屈求全，卻讓人覺得難搞的人。

說到這裡，如果願意承認需求的存在，又怎麼讓另一半滿足需求呢？

最近，接連好幾組伴侶來談，都在對另一半生氣，為什麼只是每天好好吃個飯、或者坐在沙發上一起窩著看電視，或者手牽手一起去散步，這麼短暫也許不用十五分鐘的相處時間，但另一半都給不了？

在這樣相處氛圍下，勢必覺得疲累、難受、委屈與憤怒之外，還會覺得不被愛、不被在乎，甚至自己不再有魅力與吸引力。

也許你可以先嘗試問自己三個問題：

要對方滿足自己的需求，你是否理解對方的需求？

在伴侶諮商中，我通常容易聽見一方有各種需求，例如希望對方提早回家、回來之後不要一直滑手機、能聊聊公司發生的事情等等，但往往另一半的需求會在關係中消失，而當對方的需求消失，往往也會用行動或身體消失來回應你，因為這代表對方在關係裡感覺總是壓力，而非支持。

因此在說出自己需求時，請嘗試詢問對方需求：「有沒有我在做某件事時，會讓你覺得開心呢？」並不是每個人都懂自己的需求，也並不是每個人都會提出自己的需求，因此當你可以問出對方的，也滿足對方，對方就會有力氣或自然而然地回應你的需求。

當對方對你的需求，總是有千百個無法做到的理由？

「我回家就很累了，哪有力氣？」「你為什麼要求這麼多？」

當一個人在付出愛的過程感到困難，要先理解他是一開始就如此，還是越來越走樣？一開始就如此的人，代表他在關係中本來就習慣當接收者或被照顧者，而你可能本來就以當付出者或照顧者為樂，要反轉關係模式除非有人生病或者有人要離開時，才有可能鬆動。

但當對方是越來越如此，代表他在關係中提出的需求經常被忽略，以至於下意識地逃避你的需求，並且絕對找得到理由，而變得「沒心」。

因此，當對方一在說出做不到時，與其生氣與委屈，不如轉向真誠關心對方，瞬間能引發他們對你的在乎與愧疚。你可以說：「抱歉，我不知道你最近這麼疲累，有什麼我可以為你做得嗎？」相信就能讓他的防禦和抵抗降低許多。

當對方滿足你的需求時，是否獲得正向回應或理所當然？

當伴侶曾經很樂意取悅你、滿足你，後來卻不願意了，你就要思考是不是在關係中索取地理所當然。很多人進入關係，就是希望有一個人可以理解、包容與照顧自己，卻沒有意識到，這一切都不是理所當然，而是需要透過正向言語的表達來維繫關係的親密與支持感，當你理所當然久了，對方自然「切心」了。

因此，你可以說：「親愛的，謝謝你願意為了我這麼做，跟你再一起真得好幸福！」這樣一句話，其實就能為對方充很多電了。

說到這裡，親愛的，你都怎麼幫另一半充電了？其實充飽電就是一種需求被好好滿足了，回到我們前面提到，最重要的需求滿足，其實就是好好感受到對方的愛，與好好付出愛，讓彼此之間愛意流動，相處在一起基本上就為彼此充電了。

接著來說說一個挑動許多人不安的話題。

二〇二〇年五月二十九日，大法官釋憲會議宣告《刑法》第二三九條違憲，其所規定的通姦罪違背了憲法所保障人民之性自主權，即日起失效。在此之前，台灣是全球少數仍保有通姦罪的國家，如今的違憲宣告，更是民間團體與部分法界人士倡議長達二十年後才獲得的成果。

通姦除罪化後，也許讓很多人才真正開始思考什麼才是婚姻最大的籌碼？什麼才是真正讓關係感到安全、有價值、有依歸的存在。

在通姦除罪化後，引來輿論正反兩極的評價，認為小三或小王有可能無限上綱，劈腿者只會更加恣意妄為，但真是如此嗎？

請先試著思考這個問題，你的婚姻需要透過法律來保護與保障嗎？真正守護婚姻的，是什麼？

要如何才能維繫伴侶的忠誠和忠貞？

通姦除罪化讓人擔心的，是外遇成為理所當然嗎？還是擔心失去任何談判籌碼？

在通姦罪依舊執行的時候，是什麼讓伴侶可以冒著被判刑的風險去外遇，下半身思考？變心了？折磨你？

當你結了婚，從來就不代表你真正擁有這個人，而是你們共同分享了一段關係與連結，共同分享了生命中大部分時光，而真正讓兩人願意連結在一起的，是對彼此的愛，也因為愛的存在，讓彼此的心情與感受，成為關係裡最重要的籌碼。

因此當愛存在，你的難過與受傷，會讓對方心疼憐惜且有罪惡感，而罪惡感的發生，正是讓一個人擁有正義感的來源，他會避免有罪惡感而「遵守規範與規則」。也就是能夠保持對婚姻的忠誠。

什麼情形讓一個人不再在乎罪惡感？

對罪惡感無感

有些人的確缺乏正常的罪惡感，從不把他人的感受放在心上，只在乎自己的享樂歡愉。這類自戀、自我中心者，通常不是後來才知道，而是相處初期就明顯感受到，你總需要以他為主，不能有自己的想法意見，關係權力不對等的情形久了，當關係開始習以為常，趨於平凡單調，他就需要找樂子來調劑。

那麼，是什麼讓你知道失衡嚴重，依然走向婚姻？是他的權力感讓你不用做決定？讓你感覺到依靠？還是滿足你內心無法自我主張的失落？

反正生活處處是罪惡感

有些人在關係中覺得自己怎麼做都不對時，一開始有能量改變、微調，調成伴侶喜歡的模樣，但是當不斷改，依舊無法滿足對方時，對方也改得不像自己時，生活中自然充滿挫敗、罪惡與痛苦。

當你在關係中常有高情緒表達，包括傷心的、痛苦的、憤怒的，這份情緒狀態會成為關係中難解的課題。當對方不論怎麼努力都難以消除這個狀態，你要重新思考的是，什麼才能讓自己真正的快樂與幸福，因為很可能是生命中某個重大的失落與痛苦，讓你難以真心的感到快樂。

當對方對你的感受「去敏感化」，認為反正無時無刻都是如此時，罪惡感就成為最微不足道的事情了。

內心中其他感受強過罪惡感

這些感覺有些是關係造成的，有些則可能是童年的傷痛，例如：

- 未被滿足的匱乏感：強烈渴望愛、恐懼孤單，心中有填不滿的黑洞，無法對外言說。
- 強烈的自卑感：強烈渴望證明自己，感受到自己的魅力與尊嚴。也可能在婚姻裡的自己非常自卑。

要問問自己，在關係中你們彼此能分享這種脆弱的心情嗎？有能力支持這份黑暗的感受嗎？當這些感受強過罪惡感，來到被黑暗吞沒的狀態，將會接近情緒失調，而不知道為什麼就難以控制自己情緒的狀態，將會是情緒生病狀態。

然而這籌碼存在的重要前提，是你們的關係依舊保有最重要的功能，親密與支持、合作與解決問題。也就是你們能分享心裡的感受且覺得被聽懂，能夠在意見不同時共同討論出共識並合作解決。如此，關係的正向感受與支持度足夠，你的感受與對方的罪惡感，就會是關係最大的後盾。

所以當外遇發生，你不需要問他知不知道外遇會讓你受傷，因為必然會受傷！但又是什麼讓這段關係裡最重要的籌碼已不再是對方首要考量，則是值得思考最重要的原因。

因此好好理解彼此需求，滿足彼此需求，讓關係既平衡又親密，彼此都有能量的狀態下，就能將對方的感受好好放在心上，帶著彼此的感受一起過上彼此喜歡的人生了。

03 愛情自我實現的三階段

張愛玲曾經在給胡蘭成的情書裡說過這麼一段話：「見了他，她變得很低很低，低到塵埃裡。但她心裡是歡喜的，從塵埃裡開出花來。」

即便是張愛玲如此才華洋溢、風姿綽約的民國奇女子，在愛情面前沒有讓人拜倒在石榴裙下的魅力，卻自詡是一粒微塵罷了。

曾經有一門課我命名為「愛情依賴症」就改寫了張愛玲情書裡的這句話「遇見他，你變得很低很低，低到認不出自己」廣泛受到學員喜愛，似乎真說進很多人在情感中的心坎裡，進入關係之後權力地位瞬間下降，開始出現許多討好與迎合的行徑，當關係繼續走下去，自然會逐漸認不出自己了。

有些人也許會感受到認不出自己，有些人則是被迫要身心出了狀況，再細探之後才知道自己在愛裡失衡。

小美提到與先生結婚七、八年開始有睡眠障礙，談到家庭狀況後才發現，這位長得漂亮又幹練的女性，一肩扛起先生創業的公司，而先生卻每天比他晚出門也不進公司，公司大小事務都太太打理，一對員工不爽，先生就威脅員工要對方走路，搞得公司氣氛很糟糕。

小美回家還要忙孩子吃飯、洗澡，完全沒有自己的時間，每次跟先生求助先生就一副你這點事情還搞定不了嗎？

後來我問他，你看看你們關係權力比，現在是幾比幾？

小美驚恐地看著我說：「我一，先生九」她也被自己的回答嚇著了。

小美自從結婚後，身上多了很多身分：太太、媳婦、母親、老闆娘、女兒，卻很少很少有時間留給自己。這權力比也不是一天養成的，是多年累積下來的結果，怎麼會這麼對先生言聽計從呢？又怎麼會先生一個不開心就把話都吞回去了呢？

小美一開始聳聳肩說：「沒辦法啊！我也離不開他。」

我問小美：「這樣的關係失衡的很嚴重，妳的身心已經有強烈痛苦的反應，妳還這麼堅定覺得離不開他，看來這個關係還是有給妳好處？」

小美思付一番說：「想要被認可吧！」

我說：「一開始妳願意做這麼多，是有得到認可的，但後來都被認為理所當然，是因為這樣讓妳覺得難受嗎？」

小美眼框泛淚，看來是說中她的心聲了。

有很多人來談感情問題，十個有九個都是不願意分開，卻在關係裡痛苦不堪，就像小美一樣，有時候他們要的，其實是關係中那麼點「尊重」與「疼惜」，卻總是將自己搞得像女僕，喪失自己的價值，感覺自己的用心與付出被揮霍。

後來，與小美談「認可」，既然這是她最想要的，就需要先給予自己。

我說：「妳有心疼過自己的付出嗎？妳在關係裡很被需要，妳有看見嗎？妳有超多談判籌碼，妳看得到嗎？」

小美彷彿沒想過自己在關係中的付出，都是有價值的珍寶，有時候她需要的，就是能清楚表達自己的需求，不害怕對方的反應。而在此之前，我們談了很多小美在關係中做到的事情，幫助小美可以更明確的肯定自己，更有力量的表達自己。

兩個月後小美再來找我，告訴我她找先生談過了，包括希望先生可以多付出時間在公司營運，多做一點重要決策，在人員上多一點獎勵與訓練。一開始先生很生氣，覺得小美在找藉口，要把公司的工作丟回給他，但看到小美的堅持，先生也只好答應每天準時出現在公司，並且在開會時也開始認真做決定。

看見小美在堅持之後，不只公司的營運更順暢，夫妻關係也變得比較舒服，而當這時我問到她自覺的權力比時，她說：「我三，先生七，我覺得我還是想要當小女人。」

從小美的故事讓我有不同的體悟。

每一個人知覺「平衡」與「舒服」是完全不同的，而小美的三七比讓他舒服，但讓他可以持續擁有三七比的，是她增進對自己的認可，只是更多的時候，她希望生活中多數的事務是先生來決定，而這是讓她感覺安全的方式。

也許，這也是當初她選擇嫁給先生的原因，因為當時那個男人，充滿讓她欽慕與仰望的特質，她來求助的目的，也許從來就不是解決自己的身心困擾，而是想找回當初她愛的那個人罷了。

而這個過程，就是小美在愛中的自我實現，自找回那個值得被愛的自己，去用適切的方式去愛人與被愛，去相信自己有能力擁有心滿意足的愛，而我也跟著小美一起相信，她選擇的愛就是一種幸福。

讓自己成為高價值的人

美國浪漫喜劇電影《好不浪漫》（*Isn't It Romantic*）是我很喜歡的一個女演員瑞貝爾・威爾森（Rebel Wilson）所飾演，每次看到她大概就包準會是笑到炸開的輕鬆喜劇、幽默片，所以這部也推薦給你看。

劇情不外乎芭樂到不行的愛情喜劇，套路也一樣不出意料的安排，或者一開始女主角就用不屑的口氣說明那些俗氣的「愛情」劇碼，也諷刺根本沒人去拍攝王子公主終成眷屬後的真實生活。我喜歡這部電影，是她這麼真實的破梗的同時，女卻在腦震盪後真正找到幸福愛情的真諦，而這個超現實又現實的劇情安排，卻很激勵人心，如何獲得幸福愛情，就是讓自己成為高價值的人。

※分隔線以下有雷，就算看了雷，你們還是值得看這部電影※

女主角娜塔莉（Natalie）小時候，在看美國女星茱莉亞・羅勃茲（Julia Roberts）演的

愛情片，開心又興奮地看得入神時，母親在一旁告訴她，要她醒來忘了愛情、忘了男人，愛情只留給像茱莉亞羅勃茲那樣秀髮如雲，笑容傾國傾城的美女，像娜塔莉這樣還會長鬍子的女孩，別人只會為了簽證與她結婚，不會有自己的愛情電影，因為，會很可悲。

這一刻，娜塔莉的愛情觀被定調了，也定調了自我價值，她不再相信愛情，更不相信自己。

每天早上在一片凌亂與混亂中起床，在工作中的娜塔莉，看不見自己的優秀，縮頭縮尾，也是職場便利貼女孩，不斷被使喚，連助理都上班看電影，對她有好感的喬許（Josh）一直幫忙她，卻一直被送上閉門羹。

她從來不相信自己會被愛，喬許每次看向她的眼光，讓她覺得一定是看著窗外泳裝模特兒的廣告。

在一場搶劫中，娜塔莉腦震盪，醒來之後她的世界改變了。

乾淨又充滿浪漫音樂的街道，瀰漫著繽紛的香氣與花朵，從灰暗髒亂變得明亮溫暖。所有圍繞她的人也改變了。她依舊改不了從樓上亂丟東西的習慣，但每一次丟下後，都會被感恩讚歎真等神奇的人事物，著實把她嚇壞。

是的，她的外在世界變得和諧，有充盈著幸福的氛圍，但她偏激又自卑的內在世界還沒調適過來，使盡各種破壞，就為了要回到那灰暗髒亂的原初環境。這也說明了，為什麼當自我價值低的人，就算遇到真心想對她好的人，自己卻一路搞破壞，就為了回到原本「熟悉感」中，那個適合自己低價值的世界。

後來娜塔莉務實地想著怎麼回到原本的世界，而非困在浪漫劇的世界裡，認為清醒的方式是找到有人愛自己，並對他說出「我愛妳」的那一刻，因此他膠著在究竟該選原來的喬許，還是帥死人的索爾弟弟，但她的男閨蜜這時卻告訴她：

「你可以在整個宇宙中尋找，永遠找不到比你自己更值得愛的人」

我想這句堪稱此電影的金句了，一語打醒夢中人！

就如同佛洛姆在《愛的藝術》裡頭提到的自愛：「如果你愛自己，你就會像愛自己一樣愛每一個人。當你愛他人少於愛自己，你就不能真正愛自己……。愛自己又能同等的愛一切他人的人，是偉大而正直的。」

也在那一句話之後，娜塔莉的人生豁然開朗，才懂得以前的自卑、哀怨與憤世忌俗，是因為她從來不知道可以好好愛自己。

親愛的，我們人生需要的就是那一份「啊哈」時刻的頓悟，在那一份狂喜之中，你的自我充滿力量，生命充滿能量，即使外在世界如何不友善，你都能知道你的價值感。

後來她醒了，回到再次髒亂的街頭，但她的內在世界隨著頓悟變得清晰無比，她擁有堅定的自我價值，看到自己的獨特性與魅力，拒絕他人剝削，也好好擁抱了愛情。

※分隔線以上有雷，就算看了雷，你們還是值得看這部電影※

劇情是超現實了些，但也現實地道出人心路歷程的轉換，外在世界震撼內在世界，內在轉化後，不論外在世界如何變化，依舊能保持內在的穩定與價值，而這也說明了心理成長的過程，當我們對自己的看法改變了，自然也改變對他人的看法，當然人生也隨之改變了。

娜塔莉一開始雖是單身，而她在愛中的自我實現，是先懂了自己是那個最值得愛的人，因為內在世界定義的醜陋愛情與醜陋的自己，讓他看見許多醜陋的現實與毫無希望的情感，但她在自我的轉化中，看懂了原來一切都是由自己的「心」決定，而當心清明無比時，就看見週遭人內在的本質與善良，包括她自己。

愛中自我實現三步驟

自我成長就是是我們心智轉化或位移的過程，心智運作影響我們看待人事物的方式，但我們卻不一定能覺察它的運作，導致許多人的生活有極大的不安全感，也容易覺得失控、又想掌控、又覺得受害或覺得都是別人的錯。

簡化來說，這三階段我會這麼表達：

見山是山：「自我中心」狀態

我認為，是什麼就是什麼。

小美：「我覺得很沒安全感，因為我老公太自以為是，他只想到他的時間跟玩樂，他根本不在乎我，我在這裡這麼痛苦他也不管我的死活，哎呀，我活該吧！誰叫我愛上這種人！」

娜塔莉：「這世界就是這麼糟糕，男人都愛美麗的女人，根本沒有人願意多看我一眼，我也毫無價值！」

在此狀態中，通常是對自我覺察還不夠清明的狀態，總是將目光放在他人身上，通常無法意識到自己作為如何影響到他人，甚至有外控的狀態，認為不幸福是別人引發，只想著要他人改變。

瑞士作家馬克思．弗里施（Max Frisch）曾在他的日記中條列出二十五個如今已舉世文明的問題。其中兩個問題是：「你正愛著某個人嗎？如果是，你有什麼依據呢？」

美國作家強納森．法蘭岑（Jonathan Franzen）的回答是：「是我的心告訴我的，而且我的自我中心標準降低也是可靠的證明。」

以下這些文字取自《愛無能的世代》（*Generation Beziehungsunfähig*）德國作家米夏埃爾．納斯特（Michael Nast），精闢地書寫出現今世代的都會愛情面貌。大多數人的愛情，是一種「自戀式地墜入愛河」。

1.「他需要她的情感來證明自己，他們的關係從來就與真正的她無關」

2.「我們忘記了怎麼愛自己，我們把自愛跟自戀混為一談。心理學家佛洛姆在《愛的藝術》中提到，自愛是能夠愛其他任何人的根本前提。不過，有誰真的愛自己？又有誰真的完全接納自己？」

3.「我將一幅自己想看到的畫像，投射到另一個人身上，最後愛上一個再適合自己不過的假象，而這個假象實則和對方是誰絲毫無關。我愛上的是我自己，我看見的自己，而且只是我願意看見的那個部分的自己。」

4.「真正的愛，給予我們重新成為一個人的機會，而不再是這個社會所製造出的退化懦弱的產物。愛讓我們有能力突破，帶給我們脫離既有結構的可能性，讓我們改換視角。」

5.「我相信，對一個人的愛，會在一個人內心深處，激發出要為對方和自己成為更好的人的意願。」

親愛的，自我中心的愛戀，是股孩子般的愛戀，我希望得到我要的，我只看到我想看的，我要對方照我的意思走，我用我認為的好去給予對方，卻從來沒有好好地、真正地理解與認識對方，也困難接納與欣賞對方，因為自我中心與自戀並不會讓你擁有安全感，只會讓你感覺人生或他人總是讓你失望、不合你意，更找不到那一位完美情人。

真正愛上一個人，除了會破除你身上許多既有框架，那些「應該」與「必須」，你會感覺彼此有著成長與攜手向前的動力，你也會在關係裡既脆弱又柔軟，也因為如此，愛才能進來。

見山不是山：「自我反思」狀態

我開始思考，**那是什麼、為什麼會這樣**。

小美：「發生什麼事讓我這麼沒有安全感？是我的過往嗎？我的歷史怎麼影響我呢？為什麼我會這麼需要他的認可？我們關係的傷痛是不是讓我想反抗與拒絕他？他的行為觸發我的擔憂嗎？那又是什麼原因讓他有這個行為？他的歷史又是怎麼影響他的？我跟他的關係對他而言是什麼意涵？」

當你打開反思的開關，看見一個現象就會牽引出許多問句，形成難以停歇的腦內風暴，會有一陣子夜長夢多，也往往是在此時期，你在重塑你的世界觀與價值體系。

娜塔莉：「我不相信愛情，是不是因為我從小被灌輸的愛情觀念？我不相信異性，是不是從母親身上習得對美女的觀點，以及哪一種女性才值得被愛？」

在此狀態中的人，你開始能看破事情的表象，深入彼此內心深處與看不見的歷史脈絡。一開始你會問：「他為什麼都不願跟我說心裡話？」（指責與無助意味濃厚）再來你會問：「對他來說敞開自己是不是很困難？」（反思與理解）後來你會問：「發生什麼事，讓他覺得跟我說話不再安心了？」（全面性思考彼此關係）三個問句，呈現三種不同的心理狀態，也展現兩愛情中不同成熟度的思維。

當你一在練習不再只專注在他人的「表層行為」，而是重新思考這個人的「內心世界」，你將能幫助自己進階到見山不是山的範疇了。

見山又是山：「自我覺醒」狀態

我理解這一切我有一部分責任，我看見事情的本質，也看見人的本質，更看見是我的視框引發的觀點與感受，而我為我的視框負責。

小美：「原來我的不安全感，與過往未處理的傷痛有關，也跟我內在運作機制有關，其他人不過是展演出我內在想要看見的劇碼。他一直都還是他，只是我加諸了我渴望被完全包覆與滿足的期待在他身上，他逐漸無力回應我、逐漸對我生氣，原來我可以是那個好好愛自己、彌補我陳年傷痛的人。」

在許多覺察與理解後，有一天會來到頓悟與覺醒，看見一切事件與感受都是「我」發出，並承擔起責任後，當你看向他人，就會是他人最原本、原初的模樣，而非沾染你的失望與怨恨，關係自然輕鬆清澈無比。

娜塔莉：「原來全世界我最該愛的是自己，一切的關係都由此延展而生。」

親愛的，相信你，在閱讀完本書後，你可以帶自己更走向不論是愛情或生活，全面的自我實現。

結語
不再受困於被愛與不被愛的思考

「後來，王子與公主過著幸福快樂的日子。」

這是童話故事裡很喜歡的結語，其實我也很喜歡。

很多時候，我們都以為遇上對的人，就等於幸福快樂，就能在多年累積的寂寞、孤單與堅強中，找到可以依靠的臂膀與溫柔，但其實我們都想錯了，關係經營的挑戰才真正開始。

當你心心念念著由另一個人給你幸福時，那正代表著你現在並不滿意自己，不滿意周遭，不滿意生活，這些不滿意不該由另一個人來讓你達到滿意，他不該是你生命裡的救贖，更不會是你人生的解藥，因為過上讓自己滿意的人生，本來就是個人生命的責任與任務，你要為自己完成才不枉此生。

你的美好，不該由另一半來定義，你的才華，值得盡情揮灑，只要你願意推自己一把，去追尋你渴望的生活樣貌，而不是在原地漫長等待，給自己多一點信任，給自己多一點微笑，給自己多一點讚，你將不會持續受困在被愛與不被愛的思考困境裡。

親愛的，接下來你要對自己說：

「從此，我過著幸福快樂的日子，不因為誰，因為我自己就值得，我是那個散布幸福快樂的人，當我過得好，很多人都因為我而被醫治，很多人喜歡環繞在我身邊，沾染我身上的幸福感，我的人生是如此充實與富足，我就是充滿愛的存在。」

MEMO

HEART
心|視野 心視野系列 080

愛無能：為什什麼我們想愛，卻無法好好愛？

作　　者　吳姵瑩
總 編 輯　何玉美
主　　編　林俊安
封面設計　FE 工作室
內文排版　黃雅芬

出版發行　采實文化事業股份有限公司
行銷企畫　陳佩宜・黃于庭・馮羿勳・蔡雨庭・陳豫萱
業務發行　張世明・林踏欣・林坤蓉・王貞玉・張惠屏
國際版權　王俐雯・林冠妤
印務採購　曾玉霞
會計行政　王雅蕙・李韶婉・簡佩鈺
法律顧問　第一國際法律事務所　余淑杏律師
電子信箱　acme@acmebook.com.tw
采實官網　www.acmebook.com.tw
采實臉書　www.facebook.com/acmebook01

I S B N　978-986-507-347-3
定　　價　350 元
初版一刷　2021 年 4 月
劃撥帳號　50148859
劃撥戶名　采實文化事業股份有限公司
104 台北市中山區南京東路二段 95 號 9 樓
電話：(02)2511-9798　傳真：(02)2571-3298

國家圖書館出版品預行編目資料

愛無能：為什麼我們想愛，卻無法好好愛？/ 吳姵瑩著 . – 台北市：采實文化，2021.4
272 面；14.8×21 公分 . --（心視野系列；80）
ISBN 978-986-507-347-3（平裝）
1. 戀愛 2. 兩性關係
544.37　110003511

采實出版集團
ACME PUBLISHING GROUP